설마와 함께
**경매에 빠진 사람들**

**설마와 함께**
**경매에 빠진 사람들**
**: 5% 비법 ★ 말하다**

**지은이** | 안정일 김민주
**펴낸이** | 최봉규

1판 1쇄 인쇄 | 2014년 10월 24일
1판 1쇄 발행 | 2014년 10월 30일

**책임편집** | 김종석
**북코디** | 밥숟갈(최수영)
**편집&교정교열** | 최상아
**표지본문디자인** | 이오디자인
**마케팅** | 김낙현

**발행처** | 지상사(청홍)
**등록번호** | 제2002-000323호
**등록일자** | 2002. 8. 23.

**주소** | 서울특별시 강남구 언주로79길 7(역삼동 730-1) 모두빌 502호
**우편번호** | 135-921
**전화번호** | 02)3453-6111    **팩시밀리** | 02)3452-1440
**홈페이지** | www.jisangsa.co.kr
**이메일** | jhj-9020@hanmail.net

ⓒ 안정일 김민주, 2014
한국어판 출판권 ⓒ 지상사(청홍), 2014
ISBN 978-89-6502-183-4 13320

보도나 서평, 연구논문에서 일부 인용, 요약하는 경우를 제외하고는
도서출판 지상사(청홍)의 사전 승낙 없이 무단전재 및 복제를 금합니다.

* 잘못 만들어진 책은 구입처에서 교환해 드리며, 책값은 뒤표지에 있습니다.

국립중앙도서관 출판예정도서목록(CIP)

설마와 함께 경매에 빠진 사람들 : 5% 비법 말하다 / 지은이
: 안정일, 김민주. — 서울 : 지상사(청홍), 2014
272 p. ; 15.3×22.5 cm

ISBN 978-89-6502-183-4 13320 : ₩16800

부동산 투자[不動産投資]
부동산 경매[不動産競賣]

327.87-KDC5
332.6324-DDC21                    CIP2014028180

설마와 함께
**경매**에 빠진 사람들

5% 비법 ★ 말하다

안정일 김민주

**일러두기**

* 이 책은 경매로 성공한 사람들을 취재한 기록과 성공 순간순간에 느끼는 감정들이 듬뿍 담긴 기록이다.

* 열전에 등장하는 사람들은 '낙찰'보다는 '수익'을 위하고, '한탕'보다는 '꾸준함'을 이어온 경매인을 중심으로 선정했다.

* 이 책에 등장하는 사람들의 이름은 실명과 가명이다. 이름 밝히기를 원치 않는 사람은 카페의 닉네임이나 가명을 사용했다. 또한 내용에 등장하는 인물 중에 뜻과는 다르게 오해의 소지가 될 수 있는 부분은 이니셜 내지 가명이다.

* 인터넷 글 중에 순화시키는 것을 원칙으로 했으나, 구어체적인 성향의 글 중에는 뉘앙스를 살리기 위해 그대로 유지하기도 했다. 또한 일부 이모티콘도 살렸다.

## 성공을 위한 경매 10훈

**01 경매의 목적은 낙찰이 아닌 수익이다.**
'0' 하나 더 쓰면 낙찰된다.
낙찰에 목매지 마라 그러다 진짜로 목매는 수가 있다.
내일이라도 원하면 입찰에 '0' 하나만 더 쓰면 된다.
1억짜리 물건에 10억을 쓰면 그건 바로 내 물건!
낙찰하기 전에 정주지 마라.

**02 그래서 얼마인가?**
꼬지면 꼬져서(후져서) 얼마고? 좋으면 좋아서 얼마인가?
임장할 때, '그 물건'이라고 하지 말고, '우리 물건'이라고 한다.
어떤 집이던 다 주인이 있다. 싸면 팔린다.

**03 물건을 사고판 게 아니라, 때를 사고팔았다.**
팔아야 할 때, 사야 할 때…
팔자고 던질 때 사주고, 사자고 덤빌 때 팔아주자.
시장은 돌고 돈다. 오르락내리락 반복.
임자 나타날 때 바로 팔자. 개똥도 싸면 팔린다.

**04 부동산 업자의 말을 그대로 믿지 말자.**
내가 그 말을 평가할 수 있어야 한다.
시장의 흐름이 중요하다. 항상 흐름을 느끼도록 관심을 기울여라.
신문을 꼭 읽자.

## 05 현장에 답이 있다.

부동산은 발품이다.
현장에 답이 있다. 임장 활동은 탐정 활동이다.
슈퍼 아줌마한테서 많은 정보를 얻을 수 있다.
캔 커피 2개 사서 슈퍼 아줌마 하나 드리고, 물어봐라.

## 06 오늘도 법원에 떨어지러 간다.

오늘도 법원 밥 먹으러 간다.
법원 구내식당 밥이 아주 맛있다. 가격에 비해서….
우리는 4대 법조인 중 하나다. 판사, 검사, 변호사 그리고 경매인.
패찰은 일상, 낙찰은 서프라이즈.
어느 날 문득 거짓말처럼 낙찰이 된다.
문득 정신 차려 보면 법대 앞에 나 혼자 서있다.
내가 단독 낙찰 받은 거다.

## 07 앞마당을 파라.

남들이 돈 벌었다고 하는 곳에 가면 이미 늦었다.
내가 가장 잘 아는 동네에서 투자하라.
경매가 가장 안전한 투자 수단이다.
투자는 아는 것만 하라.
감정가를 믿지 마라. 감정가는 감정적이다.
경마를 배우지 말고, 경매를 배워라.

**성공을 위한 경매 10훈**

## 08 어려운 건 몰라도 된다. 안하면 그만이니까.

어렵고 복잡한 건 그냥 패스하라. 쉬운 물건 넘쳐난다.
너무 깊게 공부하지 말자. 그러다 사시 패스한다.
우리의 목표는 사시 합격이 아니다.
숙제하기 싫으면 안 해도 된다. 모든 건 자기 책임이다.
외울 필요 없다. 자주 보면 저절로 알게 된다.
시험 보는 거 아니니까 외우려고 하지 말라.
실수하지 마라. 마이너스 회복하려면 2배 3배의 노력이 필요하다.

## 09 명도는 결국 되게 되어 있다.

초조해 하지 말라.
시간과 돈이면 다 해결된다.
나보다 저쪽이 더 근심 걱정을 안고 있다.
이제부터 이집은 내 집이다 하는 자신감을 가져라.

## 10 젖은 낙엽정신; 직장에 꼭 붙어있자. 젖은 낙엽처럼…

차근차근 인생 2막을 준비하자.
10년 후 변화된 나의 모습을 상상하라.
10년 후에 주변 친구들보다 잘 살자.
버티자. 살아남자.
강한 자가 살아남는 게 아니고, 살아남은 자가 강한 거다.

프롤로그

## 좀 더 살기 좋은 그런 세상을 꿈꾼다

이 책에 나온 사연의 주인공들은 특별할 것도 남다를 것도 없는 평범한 사람들이다. 그들이 1~2년 사이에 내놓은 경매 낙찰 건수와 수익을 보면 언 듯 대단한 것처럼 보이지만, 자세히 들여다보면 TV에 나오는 경매 전문가들처럼 엄청난 재력을 가진 것이 아니라는 사실을 금방 알 수 있다. 그리고 이들이 살아온 인생 이야기는 나 혹은 내 이웃이 살아온 삶과 크게 다르지 않으며, 오히려 더 힘들게 살아온 사람들이 더 많다는 것도 알 수 있다.

이들은 자신이 처한 상황에 좌절하거나 주저앉지 않았다. 오히려 자신의 인생을 바꾸기 위해 혹은 가족의 행복을 책임지기 위해 '경매'라는 낯설고 새로운 분야에 도전했고, 처음 겪는 여러 가지 암초가 많았음에도 포기하지 않고 노력했으며 이제는 '수익 실현'을 통해 희망찬 미래를 계획하고 있다.

**자신의 삶을 충실히 살아왔고**
**현재와 미래를 위해 최선**

다음(Daum) 카페 〈Home336〉의 운영자인 안정일 씨는 이 사람들에게 경매를 가르쳐주고, 함정이나 블랙홀로 빠지지 않도록 방향을 제시하며 그들이 자신의 삶에 더 큰 희망을 가질 수 있도록 서포트를 해주고 있다. 그리고 과거 '취재'의 인연으로 만난 필자에게 "절망에서 희망을 찾아가는 이들의 이야기가 많은 사람들에게 알려졌으면 좋겠다."면서 이들의 인터뷰를 의뢰했다.

지치고 힘든 삶 속에서 허우적거리는 모든 사람들이 '경매'를 통해 새로운 인생을 꿈꿀 수 있게 만들고 싶다는 것이다. 필자는 안정일 씨의 이런 마인드가 무척 마음에 들었다. 7년이라는 짧지 않은 시간을 옆에서 지켜본 안정일 씨는 많은 것을 가졌다고 '잘난 체' 하지도 않고, 많은 것을 안다고 '아는 체'하지도 않는 사람이다. 그냥 담백하게 '경매'라는 좋은 도구를 적절히 잘 활용할 줄 아는 사람이고, 그 도구를 어떻게 사용하는지 주위 사람들에게 알려주면서 '행복'을 찾는 사람이다. 본인이 가장 힘든 시기에 '경매'를 통해 일어설 수 있었기 때문에 경매를 천직으로 생각하고 전파하는 '경매 전도사'이기도 하다.

그가 인터뷰 중에 '사람들을 믿는 만큼 나에게 돌아왔다'라는 말을 한 적이 있다. 요즘 같은 시대에 특히나 고액의 돈이 왔다

갔다 하는 상황에서 '믿음' 하나로 사람들과 '인연'을 맺어 온 안정일 씨다. 운영자의 이 같은 선한 마음 덕분인지, 정말로 카페에는 좋은 사람들만 모여 있는 것 같다. 특히 필자를 만나서 인터뷰를 진행했던 사람들의 마음은 소박하지만 무척이 따뜻했다. 그들은 누구보다 자신의 삶을 충실히 살아왔고, 현재와 미래를 위해 최선을 다하고 있었다.

### 절망의 늪에서 허우적거리고 있는 사람들에게 한줄기 희망

이들은 많은 것을 가지지도 않았고 많이 알지도 못했다. 하지만 자신보다 덜 가진 사람들을 위해 자신이 알고 있는 모든 것을 내어줄 준비를 하고 있었다. 안정일 씨를 통해 삶의 '희망'을 경험한 그들 역시 누군가에게 '희망'을 주고 싶어 하는 것이었다.

필자 역시 그들을 만나고 살아온 이야기를 들으면서 또한 앞으로 살아갈 미래를 이야기하면서 자연스럽게 함께 들뜨고 설레는 감정을 느낀 적이 많았다. 나도 '경매를 하면 이들처럼 행복해질 수 있을 것 같다'는 생각이 들었고, 꼭 경매가 아니더라도 아무리 절망적인 상황이 오더라도 포기하지 않으면 '길'은 보이겠다는 생각도 들었다. 나이와 상관없이 현재 자신의 위치에서 더 나은 삶을 위해 혹은 가족을 위해 노력하고 헌신하는 모습은 가슴 뭉클할 정도로 감동적이었다. 그리고 이런 사람들을 만날 수 있게 된 것이 정말 행운이라는 생각이 들었다.

　　스스로의 힘으로 삶을 개척하고 꿈을 현실로 만드는 사람들이 점점 더 많아진다면 아마 우리는 좀 더 살기 좋은 그런 세상과 마주할 수 있지 않을까. 이 책이 절망의 늪에서 허우적거리고 있는 사람들에게 한줄기 희망으로 다가갈 수 있기를 기대해본다.

# CONTENTS

성공을 위한 경매 10훈 • 005
프롤로그 / 좀 더 살기 좋은 그런 세상을 꿈꾼다 • 008

1막 열전 列傳

**내가 변해야 가족이 산다! 겨울꽃, 구자현 씨 / 018**
"아내와 전국 일주를 하며 임장 겸 여행 다니는 행복한 노후를 꿈꿔요"

**절망의 늪에서 경매를 통해 희망을 찾은 김광수 씨 / 026**
"저 혼자 잘 먹고 잘 살지 않고, 주위 사람 모두 행복해지는 경매를 하고 싶어요"

**두 딸이 내 삶의 버팀목! 엄마라는 이름의 그녀, 유영미 씨 / 036**
"두 딸이 그토록 갖고 싶어 했던 내 방 한 칸, 내 집… 결혼 선물로 꼭 해주고 싶어요"

**삶이 더 즐거워졌다! 하늘세상, 고세천 씨 / 044**
"경매는 내 의지로 선택한 최초의 도전이었습니다"

**신랑 월급만으로는 먹고 살기 힘드니까 자꾸 밖으로 나가고 싶다 분당댁, 김근영 씨 / 052**
"배우고 보니 주부들에게 경매처럼 쉬운 재테크가 없는 것 같아요"

**경매로 인생의 새 희망을 꿈꾸는 외국계 기업 직장인, 안승배 씨 / 060**
"가족의 웃음을 지켜주기 위해 경매를 시작했습니다"

**공동투자를 하고 싶다면 이들처럼! 칼스, 김연수 씨 / 068**
"경매를 통해 세상을 배우고 평생 함께할 파트너도 얻었죠"

등기권리증도 몰랐던 여자 **히카리의 놀라운 변신 / 076**
"남의 돈도 이용하면서 살아야 한다는 걸 깨달았죠"

대형 평수 공략에 성공한 **디톡스의 경매 비결 / 084**
"경매는 제게 또 다른 세상을 열어주었어요"

70번의 패찰쯤이야! **위핑, 정혜영 씨 / 092**
"전 절대 특별한 사람이 아니거든요. 포기하지 않으면 누구든지 할 수 있어요"

경매로 신혼집을 얻다! **여미부부 / 100**
"온몸에 용문신이 있던 집주인, 영원히 잊을 수 없을 것 같아요"

경매를 사랑하게 된 **몽땅의 가족들 / 108**
"1년 3개월 만에 아버지를 설득했을 때가 가장 뿌듯했어요"

사람들에게 '희망'이 된 사람 **설마, 안정일 씨 / 118**
"누구에게나 희망은 있습니다"

★ 입찰_서울북부지방법원 _by 雪馬(설마) • 131
★ 스터디에서 실전팀(14-2기)까지 장장 석 달간의 여정 _by 雪馬(설마) • 132
★ 실전팀 13-7기의 빌라 임장 _by 雪馬(설마) • 137
★ 실전팀 13-8기의 첫날 수업 _by 雪馬(설마) • 140
★ 14-3기 직장인을 위한 주말반 _by 雪馬(설마) • 142
★ 물방울… 그 두 달간의 짧은 여정 _by 아미루스 • 143
★ 하려다 말고 하려다 말고 드디어 시작한 경매 공부 _by 녹야 • 146
★ 강의쇼크 _by new motive • 148
★ 등기부등본 한번 본적 없는 여자 _by 화랑이 • 149
★ 친언니의 권유로 _by 십년후에 • 150
★ 어느 카페에서 활동할 것인가? _by 바람돌이소닉 • 151
★ 젊은 친구들 부럽지만 나도 아직 늦지 않았다구요 _by 성초 • 154
★ 부루니의 경매 강의 촌평 _by 부루니 • 155

**막간막** 幕間幕

## 2막 리얼 Real

[첫낙찰] 내가 낙찰자다 _by 바이홈 • 160
[한바퀴] 나의 든든한 밥줄 _by 선형 • 161
[첫입찰] 아는 만큼 버는 것 _by 버그쟁이 • 164
[명도] 왜 부인은 등본에 없을까 _by 마양 • 170
[낙찰] 적당할까? 조금 낮출까? _by 겨울꽃 • 180
[아찔한경매] 아까워라… 아까워라… _by 바오롱 • 182
[법원탐방] 난생 처음 가본 법원 _by 도리 • 184
[첫낙찰] 술보다도 짜릿한 쾌감-첫 낙찰 _by 마양 • 185
[첫입찰 & 첫낙찰] 연예인이 이런 기분 _by 아미루스 • 188
[넋두리] 새로운 전환점을 맞고자 _by 빅마마 • 195
[낙찰&임대] 절반의 성공이라고 자평 _by 버그쟁이 • 199
[매매] 왠지 아까운 맘 _by 물음표 • 203
[명도] 무대포로 협박성 멘트를 날린다 _by 방글스 • 205
[법원견학] 입찰과 동시에 낙찰을 꿈꿔본다 _by 스완 • 207
[임장] 요즘 빌라는 … _by 건이아빠 • 209
[입찰] 아휴! 미쳐버릴 것 같았다 _by 깡님 • 211
[강제집행의 절차 및 비용] 생각은 가깝고 법은 멀다 _by 가나다라 • 213
[명도] 하루 만에 명도가 끝남 _by 겨울꽃 • 218

[명도] 느긋한 마음을 먹으면 편하다 _by 강혁 • 221
[낙찰] 실습차 입찰한 물건이 덜컥 _by 선형 • 227
[낙찰] 입찰 패찰을 반복하다 낙찰 _by 아잣 • 230
[낙찰] 쌍둥이를 낙찰 받고 나니 _by 케이에스알 • 233
[명도] 소유주와 너무 친해지지 마세요 _by 낙찰자 • 236
[낙찰] 정말 심장이 두근 _by 마양 • 240
[낙찰] 열심히 하는 것도 중요하지만 잘하는 것도 중요하다 _by 바이홈 • 241
[명도&매매] 세입자가 고맙다고 했다 _by 바이홈 • 243
[첫낙찰] 바로 낙찰한 집에 도착 _by 크리스FL • 244
[첫낙찰] 몸이 붕 뜨는 것 같더니 _by 씨구씨구 • 247
[첫입찰] 평생 지속될 경매 인생 _by 가나다라 • 251
[계고] 저항 없는 계고 싱겁다 _by 아미루스 • 253
[첫낙찰] 이 순간 기분은 좋았다 _by 도리 • 255
[명도] 현실에 순응하는 편 _by 도리 • 259
[임장] 매매도 쉽지 않구나 _by 오보스 • 262
[첫입찰] 잊을 수 없다는 첫 경험 _by 스카이블루 • 264
[낙찰] "낙찰 받았어요?" _by 유여사 남편 • 269
[명도 그리고 계약] "세입자 감사 그리고 안녕~" _by 유여사 남편 • 271

# 1막
# 열전 列傳

설마와 함께 경매에 빠진 사람들은 Daum cafe 〈Home336(3천만 원으로 시작하는 내 집 마련)〉을 통해 만난 사람들의 경매 입문기, 좌충우돌 경험담 그리고 그 과정을 통해 얻은 그들의 노하우 등을 진솔하게 담아내는 코너입니다. 꿈을 위해 같은 길을 걸어가고 있는 경매인들에게 조금이나마 도움이 될 수 있기를 바랍니다. 당신의 꿈을 응원합니다. 파이팅!

내가 변해야 가족이 산다!
# 겨울꽃, 구자현 씨

> 아내와 전국 일주를 하며 임장 겸 여행 다니는 행복한 노후를 꿈꿔요

**2013**년 7월 말, 솔직하고 감동적인 경매 입문기를 카페에 공개하며, 수많은 사람들의 눈시울을 적셨던 그 화제의 인물 구자현(49, 카페 닉네임; 겨울꽃) 씨. 대한민국 40대 가장의 현주소를 자신의 이야기로 담담하게 풀어내며 경매카페 회원들의 격한 공감을 이끌어냈던 그는 과연 어떤 사람일까.

구자현 씨는 고등학교 1학년 딸과 중학교 3학년 아들을 둔 아빠이고, 결혼 18년차 남편이며, 노부모님을 부양해야 하는 마흔아홉 된 아들이기도 하다. 그가 자신의 가정을 지키기 위해 직장에 몸 담아온 세월은 23년이다. '몸이 고생해야 입에 풀칠하고 살 수 있다'는 신념 때문에 뒤도 한번 돌아보지 않고 달려왔다.

## 월화수목금금금, 앞만 보고 달려와

그가 하는 일은 재무 회계다. 처음에는 국내 30대 기업에 속하는 큰 회사를 다녔다. 하지만 밤을 새거나 새벽에 퇴근을 해야 하는 날이 대부분이었고, 주말을 포함해 자신을 위한 시간은 전혀 허용되지 않았다. 말 그대로 월화수목금금금! 그런 시간 속에서 6년 동안을 견디다 보니 몸과 마음이 지칠 대로 지쳐버렸다. 그래서 과감히 회사를 그만두고 친형과 함께 장사를 해보기로 결정했다. 하지만 생전 처음 접하는 사업이 잘 될 리가 있겠는가. 형과 함께 야

심차게 의기투합하여 시작했던 사업은 순식간에 '실패'라는 이름으로 돌아왔다.

그동안 벌어놓은 돈도 사업자금으로 한꺼번에 날려버렸고, 자신의 명의로 분양받았던 작은 아파트마저 빚 청산을 위해 처분했다. 돈, 사업, 집이 모두 한 순간에 사라졌다. 하지만 그런 그의 곁을 지켜주는 사람이 있었으니, 바로 그의 아내다. 아내는 구자현 씨가 쫄딱 망해 빈털터리가 된 최악의 상황에서 결혼을 결심했다.

"아내와 7년 동안 연애를 했는데, 결국은 가장 어려운 상황에서 결혼을 했죠. 결혼 후에도 한 동안은 아내의 월급과 퇴직금으로 먹고 살았어요. 결혼하자마자 아이가 생겨서 아내도 회사를 그만둬야 했거든요. 그때 생각하면 아직도 아내에게 무척 미안하고 감사하죠."

## 1년간의 휴식, 내 일을 찾았다!

구자현 씨는 결혼 후, 다시 새로운 직장에 취직했다. 그곳에서도 월화수목금금금으로 일했지만, 그 뒤 이직 그리고 또 이직의 연속이었다. 그러던 중 구조조정 바람에 휩쓸리면서 결국은 명예퇴직을 신청해야 했다. 그때 구자현 씨의 나이 마흔네 살이다. 아직 한창 일할 나이고, 아이들에게 가장 많은 돈이 들어갈 시기이며, 연로

한 부모님께 힘이 되어야하는 시기이기도 했다. 구자현 씨는 마땅한 직장을 구하지 못한 채 본의 아니게 1년을 쉬었다.

"1년을 쉬면서 참 별의별 생각을 다했죠. 명목상으로는 공부한다고 매일 도서관에 다녔지만, 손에 잡히질 않더라고요. 그동안 벌어놓았던 몇 푼 안 되는 돈으로 겨우 생활했어요. 아내는 그 상황에서도 저에게 불평불만 한 마디 하지 않고, 오히려 내가 더 힘들 거라고 격려해줬죠. 아내가 제 마음을 편하게 해주려고 고생을 많이 했죠."

명예퇴직을 하고 난 구자현 씨는 사회 그리고 기업들을 대하는 생각과 자세를 바꿨다. 철야와 야근으로 '주인정신-주인정신'을 외치는 회사에 젊은 청춘을 바쳤지만, 막상 힘들 때가 되자 자신을 책임져주지 않는다는 것을 깨닫게 된 것이다. 아무리 열심히 해봤자 '나의 일'이 아니라 '남의 일'을 열심히 해주고 있었던 것이다. 결국 1년의 휴식을 겪으면서 구자현 씨는 "내 일을 찾아야겠다."는 결론에 도달했다. 당장 먹고 사는 일이 시급했기 때문에 재취업을 해야 했다. 하지만 예전처럼 회사에 몸과 마음을 바쳐 충성하지는 않았다. 대신, 칼퇴근을 하고 주말은 자신만의 시간을 가지면서 앞으로 무엇을 하면서 살 것인가를 고민했다.

"처음에는 택시 운전을 할까, 화물차 운전을 할까, 아니면 버스를 운전할까 고민하면서 많이 알아봤어요. 그런데 이외로 쉽지 않더라고요. 제 경력으로는 다른 일을 찾는 게 한계가 있었어요. 선택할 폭이 좁으니까 답답하기만 하고, 회사를 다니면서도 언제 또 그만둬야 할지 모르는 처지니까 불안한 마음뿐이었지요. 어느 날 우연히 인터넷 재테크 카페들을 둘러보다가 〈Home336〉이라는 다음(Daum)의 경매카페에 가입했는데, 글을 쭉 읽어보니 눈이 번쩍 뜨이더라고요. 이건 내가 할 수 있겠다는 생각이 들었거든요."

그렇게 구자현 씨는 경매카페와 인연을 맺고, 스터디와 실전팀(2013-2기) 수업까지 모두 수료한 후, 경매의 세계에 발을 들여놓았다. 경매는 구자현 씨가 찾는 새로운 일에 매우 적합한 조건을 갖추고 있었다. 그가 생각한 조건은 '투자비가 없거나 적어야 하고, 성공보다는 실패를 하지 않아야 한다'는 것이다.

"저는 실전팀 수업을 2번까지 듣고, 제가 낸 수업료 몇 백배 이상의 가치가 있다고 느꼈어요. 오죽하면 운영진에게 이런 좋은 노하우를 왜 다른 사람들과 공유를 하느냐고 반문할 정도였어요. 그만큼 신세계를 본 거죠. 경매는 돈이 들어가지 않는 투자거든요. 제가 열심히 노력만 하면, 수익을 모두 가져갈 수 있다는 점에 희열을 느꼈어요. 그동안에는 제가 아무리 일을 해도 그 수익은 회사가 가져가고 저는 월급만 받았잖아요. 지금까지 제가 헛 살아온 느낌을 받았죠."

투자금도 없고, 일한만큼 수익이 나는 '노다지'같은 재테크라고 쾌재를 불렀던 경매, 하지만 결코 쉽지는 않았다. 경매의 첫 관문이라고 할 수 있는 '임장' 단계에서 얼마나 많이 포기하려 했는지 모른다. 거짓말도 못하고, 남에게 싫은 소리 못하는 여린 성격 탓에 부동산에 들어가 손님인 척 연기하는 게 무척 어려웠다.

## 임장과 명도, 성격의 한계를 극복했다

"첫 임장을 할 때, 한 시간이 넘도록 부동산 문턱을 넘지 못했어요. 결국 아무도 모르게 집으로 발걸음을 옮기려는 찰나에 임장 중이던 동기를 만났죠. 그 동기 얼굴 보기 민망해서 다시 부동산으로 발걸음을 돌렸던 게 제가 경매를 계속할 수 있었던 계기예요."

하지만 그 이후에도 부동산 들어가는 데는 오랜 시간이 걸렸다. 부동산 문을 열지 못하고 이리저리 서성이면서 참 많은 생각을 했다. 1년 동안 쉬면서 느꼈던 비참함, 조만간에는 밀려날 수밖에 없는 나이, 나만 바라보고 있는 가족들…. 결국 구자현 씨는 '성격을 바꾸지 않으면 가족이 굶는다', '내가 변해야 가족이 산다'는 생각을 하며, 부동산 문을 열고 들어갔다. 두근거리는 마음에 말을 버벅거리면서 임장을 마쳤지만 마음은 홀가분했다. '드디어 해냈다', '이제 나도 할 수 있다'는 자신감이 생긴 것이다. 그날 이후로 구자현 씨의 경매 슬로건은 '내가 변해야 가족이 산다(내-변-가-산)'가 됐다.

"지금 제가 준비하지 않으면 우리 가족의 미래를 보장할 수가 없잖아요. 그런데 성격상 임장이 쉽지 않으니까 이걸 꼭 넘어서야겠다는 생각이 들더군요. 다행히 잘 극복한 것 같긴 한데, 아직도 가끔 '당신 경매 때문에 왔느냐'는 질문을 받으면 금방 위축돼요. 성격을 바꾸는 게 쉽지는 않지만, 그래도 계속 앞으로 나가야죠. 지금도 부동산 문 앞에서 서면 왼쪽 가슴을 4번 두드리고 내·변·가·산을 외치고 들어갑니다."

평일에는 직장을 다니는 터라 주로 저녁과 주말에 임장을 다녔고, 입찰은 아내가 도와줬다. 그 결과 총 2건을 낙찰 받는데 성공했다. 특히 임장보다 훨씬 어렵다는 명도를 운이 좋게도 매우 쉽게 처리했다. 수익이 그리 높지 않았고, 아직 명도다운 명도를 못해봤다는 게 조금 아쉬운 점이다. 하지만 조바심을 내지 않고 자신을 단련시키면 충분히 이겨낼 수 있다는 자신감도 생겼다.

과거에는 쉬는 날이면 컴퓨터 게임 등으로 시간을 보냈지만, 이제는 무조건 밖으로 돌아다닌다. 또한 아내와 산책하면서 경매 이야기를 하는 시간이 그렇게 행복할 수 없다. 월수입이 보장되는 빌딩을 갖고, 아이들 앞으로 집 한 칸씩 마련해주는 게 그의 소망이다. 그리고 아내와 자동차를 타고 전국 일주를 하며 임장 겸 여행 다니는 편안한 노후를 꿈꾼다. 구자현 씨는 이런 꿈을 꿀 수 있게 해준 경매가 무척 고맙기만 하다. 때문에 아들과 딸은 물론, 주위의 모든 사람들에게 경매 전도사가 됐다.

다음의 경매카페 운영자 안정일 씨에게도 감사의 인사를 잊지 않았다.

"제가 경매카페에 경매 입문기를 쓴 이유는 운영진(설마님과 댓바람님)에게 너무 고마워서였어요. 경매를 할 수 있게 길을 열어주신 그분들께 감사의 마음을 표현하고 싶었거든요. 그런 제 글에 카페 회원들이 그처럼 뜨거운 반응을 보여주실지 전혀 예상을 못 했기 때문에 무척 당황스러웠죠. 저 같은 사람도 경매를 하니까, 다른 분들도 힘내라는 의미도 있었어요. 조만간 경매 성과를 바탕으로 도전기도 꼭 쓰고 싶어요. 모두들 파이팅입니다!"

> **수필처럼**
> 아직 저는 인생의 굴곡을 많이 겪지 않은 30대인데, 경매라는 것이 너무 하고 싶어서 서서히 도전을 하려고 맘먹었는데 이 글을 읽으니 열정은 간절함에서 나오는 것이구나! 그런 생각을 하게 되었답니다. 정말 좋은 글 감사하게 잘 읽고 저도 맘을 다잡고 빨리 스터디, 그리고 실전공부를 해서 이런 열정적인 모습으로 많은 사람들에게 희망이 되는 사람이 되고 싶다는 목표를 가지게 되네요. 같은 생각을 하는 분들과 많은 시간 공존하며 재미로 즐기는 경매를 하고 싶어요.
>
> **마니아**
> 겨울꽃님(구자현)의 게시 글을 몇 번을 읽었는지 모릅니다. 의문이 생기거나 자신감이 떨어질 때 읽어보곤 했습니다. 겨울꽃님의 글을 읽고 뒤늦게 출발하는 용기 있는 336카페의 40대 아저씨들에게 희망이 되도록 계속 승승장구하시길…!
>
> **벙개소년**
> 가족이라는 울타리가 다시 일으켜 세우는 원동력이 되는 거 같네요. 모든 가장 여러분 파이팅입니다.

절망의 늪에서 경매를 통해
# 희망을 찾은 김광수 씨

## 2년 전

우연히 알게 된 경매는 절망의 늪에 빠져 있던 김광수 씨에게 유일한 탈출구이자 숨 쉴 공간이었다. 공대 출신의 김광수 씨는 소프트웨어 개발 프로그래머다. 대학 졸업 후 4년 동안 직장 생활을 하다가, 개인사업체를 차리고 직원을 4명까지 둘 정도로 승승장구했다. 믿었던 직원에게 배신을 당하기 전까지는 말이다. 그 직원은 회사의 소중한 자산이었던 소프트웨어를 빼돌렸고, 그로 인해 그와 거래하던 거래처들까지 모두 끊기고 말았다.

10년 동안 쌓아왔던 땀과 노력들이 순식간에 무너지는 순간이었다. 앞이 캄캄했고, 하늘은 노랗게 보였다. 다행히 김광수 씨에게 끝까지 의리를 지켰던 한군데의 거래처가 곁에 남았고, 김광수

> 저 혼자 잘 먹고 잘 살지 않고, 주위 사람 모두 행복해지는 경매를 하고 싶어요

씨는 그 고마운 거래처 덕분에 아직까지 프리랜서로 일을 계속 하고 있다. 하지만 믿었던 직원의 배신은 김광수 씨의 마음에 깊은 상처를 남겼다. 탄탄대로처럼 잘될 것만 같던 사업이 한순간 손에서 사라졌다. 절망에 가득 찬 그의 마음은 주위를 돌아보지 못하게 만들었고, 가족은 물론 주변 지인들과의 관계까지 경색되어갔다.

## 우연히 읽은 책 한 권으로 인생이 바뀌다!

세상에 혼자 있는 것 같은 외로움 속에서 얼마나 방황을 했을까. 우연히 화장실 옆 책장에서 집어든 책 한 권이, 그의 인생을 바꿔놓을 줄 누가 알았을까!『3천만 원으로 22채 만든 생생 경매 성공기』를 정독한 김광수(39) 씨는 왠지 모를 희망에 가슴이 설레기 시작했고, 화장실에 들어갈 때와 달리 가뿐한(?) 마음으로 나왔다. 그렇게 김광수 씨는 〈Home336〉이란 다음(Daum)의 경매카페 문을 두드렸고, 운영자 겸 저자인 안정일 씨와 인연을 쌓아가기 시작했다.

"스터디를 통해 안정일 씨를 처음 만났는데, 힘든 상황에 처해 있는 저에게 좋은 말을 많이 해주었어요. 그 말들이 많은 위로가 되더라고요. 그래서 안정일 씨를 '사부님'이라고 부르고 있어요. 사부님에게 가서 하소연을 하면, 아무 말 없이 제 넋두리를 모두 받아

주거든요. 친구들에게도 못하는 이야기까지 다 들어주니 감사할 따름이에요. 스터디 이후, 2011년 9기로 실전팀까지 들었던 것도 사부님과의 인연을 더욱 오래 유지하고 싶어서였죠."

## 상처를 치유해 주는
## 사람들을 만나다

김광수 씨는 이제 경매카페에 있는 다른 회원들과도 긴밀하고 돈독한 관계를 유지하고 있다. 경매에 나온 좋은 물건에 대해 의견도 나누고, 점차 마음속 깊이 담아두었던 고민들까지 털어놓는 사이가 됐다. 사람들과의 만남을 즐기다 보니 가까운 지역에 살고 있는 사람들과 함께 정기적인 모임을 갖게 됐고, 김광수 씨는 본의 아니게 모임을 주도하는 '대장'이 돼 있었다.

"제가 원래 사람을 많이 만나는 직업도 아니었고, 사교적인 성격도 아니었어요. 그런데 이 경매카페에서 만난 분들은 왠지 친근하고 편안해서 마음을 터놓고 이야기하게 돼요. 사람들과 만남을 자주 가질수록, 제 성격도 밝아졌고 마음도 편안해졌죠. 〈Home336〉이 없었다면, 과연 제가 다시 일어설 수 있었을지 의문이에요. 저에게 이곳은 힐링 그 자체죠."

모임에서 대장 역할까지 하는 김광수 씨. 그렇다면 그는 경매에 입문한 이후, 사람들과 친목만 도모하고 경매는 소홀히 했던 걸까? 물론, 아니다! 김광수 씨는 2년 동안 7건의 물건을 낙찰 받았고, 착실히 수익을 높여가고 있는 중이다. 4건은 월세를 놓으면서 매달 80만 원의 수익을 얻고 있으며 3건은 매매를 하기 위해 대기 중이라 높은 수익이 나올 것으로 기대하고 있다. 3건의 물건 중 한곳은 그가 직접 임차인으로 거주하고 있는 중인데, 여기서 김광수 씨의 남다른 노하우를 엿볼 수가 있었다.

김광수 씨는 3곳 중 한 곳에 2천5백만 원의 전세로 살고 있었다. 요즘 같은 때에 이처럼 저렴한 전셋집이 또 있을까 싶어서 냉큼 들어갔다. 그런데 알고 보니 전셋값이 저렴한 데에는 다 이유가 있었다. 김광수 씨가 전세로 들어간 후 얼마 지나지 않아, 그 집이 경매에 들어간 것이다. 보통 세입자 입장에서는 집이 경매로 넘어갈 경우 전셋돈을 날리게 되는 경우가 허다하다. 하지만 이미 경매에 대해 잘 알고 있던 김광수 씨는 소액임차인이 2천만 원까지는 보호받을 수 있다는 걸 알고 있었기 때문에 크게 당황하지 않았고, 결국 그 집을 직접 낙찰 받는데 성공했다.

1억 9천만 원에 낙찰 받은 이 아파트는 현재 시세가 2억 3천만 원이기 때문에 꽤 높은 시세 차익을 남길 것으로 예상하고 있다. 전셋값이 하루가 다르게 오르고 있는 요즘, 2천5백만 원으로 서울 시내 아파트에서 전세를 살고 있다니, 진정한 고수가 아니면 쉽지 않은 일이다. 김광수 씨가 소액임차인으로 살고 있다고 하여, 카페지기인 안정일 씨는 김광수 씨의 경매카페 닉네임을 '소액임차'

로 붙여주었다고 한다.

## 58회 패찰로 얻은 노하우
## 사람들과 공유할 터

김광수 씨가 이렇게 집에 대해 남다른 통찰력을 갖게 된 데에는 그만큼 피눈물을 쏟았던 시간이 있었기에 가능했다. 무려 58회의 패찰! 입찰이 있는 날은 하루도 빼놓지 않고 법원에 출근 도장을 찍었다. 법원에서 근무하는 직원들과 관련 사람들이 그에게 먼저 인사를 건넬 정도였다.

"58회를 입찰하기 위해서는 1,000건의 물건을 검색하고, 그중에서 2~3백건의 물건을 임장해야 되요. 그리고 그중에서 입찰에 들어가는 거죠. 그런데도 낙찰이 안 되니까 중간에 포기하고 싶더군요. 그럼에도 포기하지 않은 이유는 제가 서서히 보는 눈이 생겼기 때문이죠. 시세가 계속 변하는데 그 속에서 어떤 물건에 입찰을 해야 하는지 보이기 시작하더라고요. 결국 59회째부터 연속으로 4번이나 낙찰을 받았다니까요. 처음 낙찰 받았을 때는 얼떨떨하고, 제대로 한 게 맞는지 정신이 없었죠(웃음)."

김 씨는 58회의 패찰을 하는 동안 임장과 입찰 과정에서 늘 혼자 다녔다. 한번이라도 낙찰을 받기 전까지는 누구에게도 알리고 싶지 않았다. 자존심 문제이기도 하고, 자신감 문제이기도 했다. 하지만 뒤돌아보니 괜히 그렇게 혼자 외롭게 지냈구나 싶었다.

"경매라는 것이 혼자 가도 되는 길이에요. 하지만 사람들과 같이 하면 2~3배 이상 즐거워지더라고요. 잘되면 함께 기뻐해 주고, 명도를 성공적으로 끝내면 짜장면 파티도 하거든요. 잘 모르는 부분은 서로 물어보면서 힘이 되어주기도 해요. 수익도 중요하지만 좋은 사람들과 어울려서 즐겁게 할 수 있는 재테크라는 게 가장 큰 장점인 것 같아요."

현재 김광수 씨는 경매로 인해 생긴 빚이 무려 10억 원이고, 그에 따른 대출 이자가 매달 3~4백만 원씩 지출된다. 모르는 사람이 들으면 숨넘어갈 금액이다. 그 많은 금액이 빚과 대출이자라니 말이다. 하지만 김광수 씨의 얼굴은 평온하기 그지없다.

"은행에 빚이 많아질수록 마음이 오히려 여유로워지고 있어요. 이상하죠? 빚이 많고 이자가 많이 지출되어도, 월세에서 이자가 충당이 되니까요. 집에서 혼자 등기권리증 7장을 쭉 펼쳐 놓고 대화도 한다니까요(웃음)."

김광수 씨가 경매를 시작하면서 설정한 첫 목표는 등기권리증 10개 만들기였다. 지금까지 7개를 만들었으니 그 목표가 얼마 남지 않았다. 등기권리증 10개를 채운 후에는 6~7백만 원을 월세로 받는 것이 두 번째 목표이다. 가장 절망적인 상황에서 주변 사람들로부터 위로를 받고, 힘을 얻은 김광수 씨. 앞으로도 그는 혼자 잘 먹고 잘 살겠기 위해서 경매를 하지 않고, 주위 사람 모두가 행복해지는 경매를 하겠다고 말한다.

"제가 58회의 패찰을 하면서 경험했던 좋지 않았던 일들을 주위 사람들이 겪지 않았으면 좋겠어요. 경매카페의 좋은 사람들에게 최대한 도움을 드리고 싶어요. 특히 처음 시작하는 사람들은 간단한 부분도 힘들어 할 수 있거든요. 저 혼자 잘되지 않고, 주위 사람 모두 행복해지는 그날까지 경매는 쭉 계속할 겁니다. 모두들, 마음의 여유를 갖고 롱런합시다!"

## 2014년 9월, 김광수 씨에게 온 편지
### - 인터뷰 …그 후

인터뷰 이후 1년이라는 시간이 흘렀다. 시간을 분단위로 쪼개 쓰려고 무던히도 노력한 한해였던 것 같다. 먼저 그간의 결과를 말씀 드리자면 소액으로 살던 아파트는 2억 3천5백만 원이라는 훌륭한 가격에 괜찮은 수익을 남기고 연세 지긋하신, 평생 전세로만 살아오셨다는 할머니와 그 딸에게 넘겼다. 평생의 숙원인 내 집 마련의 감격에 겨워하는 그 분들께 현재는 2억 4천5백만 원을 가볍게 넘긴 매매까지 선물해 흐뭇하기까지 하다.

내 목표였던 등기권리증 10개의 보유는 이미 이루었고, 현재도 8채를 보유 중이며, 낙찰 받고 팔고를 반복하다 보니 8~10채는 항상 보유 중인 상태가 되어버렸다. 그 만큼 유동 자산이 커진 탓

이리라. 어디 예전 같으면 상상이나 할 수 있었을까. 집 10채가 내 꺼라니… 그런데 이게 가능하다는 사실! 경험해 보시면 알 수 있을 거라 판단된다.

수많은 건의 낙찰 및 명도 그리고 매도를 진행하면서 크고 작은 경험들로 노하우가 쌓이면서 아주 조금은 알 것 같기도 하다. 하지만 그런 생각을 할 때 마다 시련들이 나를 단련 및 훈련시켜주었고 그런 기회를 〈홈336〉 카페를 통해 얻었다.

지금도 역시나 〈홈336〉 회원들과 함께 하고 있고, 험난한 초행길을 걷지 않기를 바라는 마음으로 더 열성적으로 도움을 주고 있고, 그들과 함께 나누려 노력하고 있다. 이를 통해 나 개인의 이익을 넘어선 보람도 느끼며, 지금은 그 보람이 내 삶을 지탱하고 있다고 해도 과언이 아니다. 이런 보람은 순간순간 나를 깨우는 원동력이 된다.

마지막으로 절망의 늪에서 허우적거리던 나에게 이제 사람처럼 살게 해주고 '잘한다' 칭찬해 주고, 더욱 더 뛰도록 채찍질 해주시는 336분들께 감사드린다. 무엇보다 소중한 사람을 만들어주어 더 할 나위 없이 감사하게 생각한다. 〈홈336〉과 함께한 시간들에 감사하고 그리고 앞으로 더 많은 것을 이룰 수 있다는 희망만으로도 발걸음이 가볍다.

사부님들 진심으로 감사합니다.

### 🗨 팅팅
내용이 힘이 되네요. 물론 전 늘 '을'로 살아서 그건 다르지만 내 인생의 갑이 될 때까지 지치지 말아야지. 흠~ 패찰 횟수가 '후덜덜' 하네요. 그냥 고수가 되는 게 아니 여!

### 🗨 분당댁/터프가이
이 분이 닉넴으로만 뵙던 그 소액임차님!!
반갑습니다~ 인상 참 좋으시네요~^^

### 🗨 giodarno
소액님도 굴곡이 있었군요. 항상 웃는 모습이라 그늘이 없는 줄 알았더니, 자신을 컨트롤할 줄 아는 분이시네요. 제 자신 반성하게 되고, 앞으론 좋은 일만 가득하길 기원합니다.
커피 2잔 ㅋ

### 🗨 스카이블루
카페에서 글을 보면서 소액님이 상당히 궁금했었는데, 스터디 첫날 뵙게 되어서 무척 영광이었습니다. 너무 재밌고 또 제 자신을 돌아보게 되는 글이네요. 다른 사람에게 힘이 되고 나누어 줄 수 있다는 것 자신에게는 가장 큰 행복이라 봅니다.

### 🗨 초이스
대단한 소액님! 멋집니다.
나도 언젠가 이런 글을 쓸 수 있을까?하고 꿈을 꾸게 됩니다.

### 🗨 happy money
어제 소액임차님 보고 다시 한 번 글을 읽어 보았습니다. 역시 보고나니 더 정감이 있게 다가오네요. 어제 특강 그리고 식당에서의 경험담들 모두 좋은 시간이었습니다.

두 딸이 그토록 갖고 싶어 했던 내 방 한 칸, 내 집… 결혼 선물로 꼭 해주고 싶어요

**두 딸이 내 삶의 버팀목!**

# 엄마라는 이름의 그녀, 유영미 씨

# 가을바람

이 시원하게 불던 10월 초, 세 모녀가 친구처럼 다정한 모습으로 청담동 스튜디오에 들어섰다. 〈Home336〉에 소개할 주인공인 유영미(51, 닉네임; 아침) 씨가 두 딸을 함께 데리고 온 것이다. 큰 키에 늘씬한 두 딸(이지혜 25, 이은혜 23)과 나란히 선 모습이 언뜻 보면 친자매 같다. 밝고 화사하게 웃는 세 모녀의 모습에서 고생의 흔적이라고는 전혀 느낄 수가 없었다. 그런데 "아이들 다섯 살, 세 살 때부터 빈손으로 나와서 혼자 키우기 시작했어요."라는 유영미 씨의 첫 마디를 듣는 순간 나도 모르게 그녀의 손을 덥석 잡았다.

"남편과 이혼을 하고 다섯 살, 세 살 아이 둘과 단돈 1백만 원을 들고 집에서 나왔어요. 셋이 밥 굶기를 밥 먹듯이 하고, 정말 고생을 말도 못하게 했죠."

## 20kg 쌀 한 포대가
## 바꿔준 인생

미용 기술을 가지고 있던 유영미 씨는 목욕탕 미용실에 취직하면서 아이들과 함께 그곳에서 살기 시작했다. 하지만 목욕탕 미용실에 손님이 얼마나 있었겠는가. 매일 피골이 상접해서 돌아다니는 유영미 씨를 안쓰럽게 여긴 같은 교회 한 지인이 그녀에게 쌀 20kg을 가져왔다.

"어느 날 교회 권사님이 쌀 한 포대를 가지고 오셨어요. 평소 이상하게 저에게 마음이 쓰여서 와봤는데 이렇게 힘들게 살고 있는 줄 몰랐다고 하더군요. 그 쌀 포대를 끌어안고 얼마나 울었는지 몰라요. 이 나이에 이렇게 얻어먹고 살아야 하느냐면서요. 그랬더니 권사님이 나중에 성공하면 저보다 더 힘든 사람들을 도우면서 살면 된다고 말씀해 주시더라고요."

고단하고 힘들었던 시기에 받았던 쌀 한 포대는 유영미 씨에게 많은 것을 느끼게 해줬다. 이에 '여유가 생기면 더 어려운 사람들을 도와줘라'는 권사님의 말을 직접 실천하기로 했다. 그래서 입에 풀칠하기도 어려운 그때부터 장애인과 지역 주민들을 위한 봉사 활동을 시작했다. 무려 8년간 말이다.

"한 달에 한 번씩 미용실 문을 닫고, 아이들과 봉사 활동을 다녔죠. 장애인, 노인, 저소득층 대상으로 머리도 깎아드리고 함께 놀기도 했죠. 그랬더니 아이들과 제가 더 편안해지고 행복해지더라고요. 딸들의 성격이 어려운 살림에 비해 따뜻하고 밝을 수 있었던 게 모두 봉사 활동 덕분이라고 생각해요."

누구나 언젠가는 봉사 활동을 하고 싶다고 생각한다. 하지만 나 자신이 먹고 살기 편해진 다음이라는 수식어가 붙는다. 하지만 유영미 씨는 어려움 속에서도 자신보다 더 어려운 사람들을 찾아갔고, 그들에게 위로와 힘이 돼주었다. 그리고 그 땀과 노력이 결국 더 큰 행복으로 세 모녀에게 돌아왔다.

## 기획부동산 사기로
## 경매에 관심 갖기 시작

유영미 씨는 미용실에서 번 돈을 한 푼도 쓰지 않고 꼬박꼬박 모았다. 하지만 잘못된 투자로 많은 금액을 허공에 날려버렸다. 2008년 투자 가치가 높다는 말에 현혹돼 미용실을 처분해 기획부동산에 9천만 원을 투자했는데, 나중에 보니 10배는 비싼 가격에 샀던 것이다. 그 이후에도 시골 땅에 몇 천만 원을 투자하기도 했고, 아이들 보험을 담보로 대출을 받아 의정부 땅에 5천만 원을 투자하기도 했다. 하지만 뒤돌아보니 모두 투자 가치가 없는 곳에 투자를 한 것이다. 안 입고 안 먹으면서 피땀 흘려 번 돈인데, 순식간에 허공으로 흩어져 버렸다. 때문에 그녀의 생활 환경은 아직까지 조금도 나아지지 않았다.

현재 세 모녀는 성수동에 위치한 작은 원룸에 전세로 살고 있다. 금쪽같은 돈을 사기 당했어도 유영미 씨는 아이들을 위해 다시 독하게 일어섰다. 평일에는 구청 계약직으로 근무를 하고, 주말에는 미용실에 아르바이트를 다녔다. 일곱 정거장을 걸어 다니면서 100원도 쓰지 않을 정도로 지독하게 허리띠를 졸라맸다. 하지만 기획부동산에 다시 사기를 당하지 않으려면, 이대로 살면 안 되겠다는 생각이 머릿속에서 떠나질 않았다. 그렇게 해서 관심을 갖게 된 게 바로 경매였다.

"설마님(안정일 씨의 카페 닉네임)이 쓴 책을 읽고 난 후에 '나도 경매를 할 수 있겠다'라는 생각이 들더라고요. 책 내용이 무척 이해하기 쉬웠거든요. 그래서 설마님이 주최하는 점심 모임에 참석했어요. 그런데 설마님을 처음 뵙고, 경매에 대한 이야기를 듣는데 무조건 믿고 공부를 해봐야겠다는 생각이 들었죠. 그래서 2011년 스터디를 5주 동안 들었어요. 곧바로 실전반 수업도 듣고 싶었는데, 일 때문에 도저히 수업 들을 시간이 안됐어요. 이건 내가 꼭 해야겠다는 생각이 들었기 때문에 미리 실전반 수업료를 내고, 나중에 시간 될 때 듣겠다고 했죠. 결국 2013년 1기로 실전반 수업을 들었죠."

유영미 씨는 2013년 초 실전반 수업을 끝내고, 본격적으로 경매에 뛰어들었다. 이미 2011년 스터디를 끝내고 카페 회원들과 2건의 공동투자를 진행하면서 어느 정도 경매에 대한 감각은 익혀두었다. 하지만 경매의 세계는 이해가 안 되는 부분들이 많았다.

다행히 안정일 씨의 스터디는 언제든지 청강이 가능했기 때문에 수시로 듣고 또 들었다. 그렇게 경매를 충분히 이해하고, 임장과 입찰을 반복했더니 2013년에만 벌써 3건을 낙찰 받았다.

일산에 위치한 한 아파트는 시세 3억 원 상당의 아파트를 2억4천만 원에 낙찰 받았고, 또 시세가 2억 3천만 원 다른 아파트는 2억 원에 낙찰 받았다. 나머지 한 아파트는 생애 최초 주택 구입으로 저금리의 대출을 받았기 때문에 월세로 수익을 내고 있다. 언 듯 보아도 짧은 기간에 꽤 많은 수익이 났다는 걸 알 수 있었다.

"2013년부터는 직장도 그만두고 임장을 다녔어요. 그동안 패찰을 50번을 넘게 했죠. 정말 하루도 거르지 않고 발가락이 붓고 터지도록 돌아다녔어요. 비가 오고 눈이 와도 계속 나갔더니 아이들이 그만 좀 돌아다니라고 사정을 하더라고요. 하지만 저는 경매가 무척 재미있기만 하고, 임장 다니는 게 소풍 다니는 것처럼 즐겁기만 했어요. 왜요? 수익이 눈에 보이니까요(웃음)."

유영미 씨의 권유로 둘째 딸 은혜 씨도 스터디와 실전팀(2013-2기) 과정을 모두 수료했다. 하지만 현재 직장을 다니고 있기 때문에 아직은 뛰어들지 않은 상태이다.

"경매 스터디 과정을 배워보니 열심히만 하면 확실히 수익이 난다는 것을 이해하게 됐어요. 직장 생활을 하다가 나중에는 경매를 병행할지도 모르죠."

## 어려운 사람들 위해
## 봉사 활동 하고 싶어

어려운 환경이었지만, 세 모녀의 성격은 밝고 따뜻했다. 특히 두 딸이 예쁘고 구김이 없다. 그 비결이 뭐냐고 물었더니, 은혜 씨는 "이렇게 긍정적으로 웃지 않으면 못 살아요. 어차피 어려우니까 빨리 털어버리는 게 좋죠."라고 답한다. 딸들은 차비를 아끼기 위해 학교도 걸어서 다녔다. 1시간 40분씩 걸려서 말이다. 그 길목에 있던 호떡집에서 눈을 떼지 못하길 수차례. 하지만 그 달콤한 호떡 한번을 사먹지 않고, "그 돈이 있으면 차를 타고 집에 가서 밥 먹는 게 낫지"라는 생각에 발길을 재촉했던 철이 일찍 들었던 소녀들이었다.

지혜 씨는 어머니의 미용 기술을 이어받아 6년차 헤어 디자이너가 됐고, 은혜 씨는 고등학교 3년 우등상을 받고, 졸업하자마자 제약회사에 취직해 이제 4년차 직장인이다. 딸들 모두 훤칠한 키에 늘씬한 몸매 덕분에 남자들에게도 인기 폭발이다. 은혜 씨는 검사까지 좋다며 쫓아다녔는데, "답답하고 성격이 잘 맞지 않는다."며 검사를 뺑 차버린 쿨~한 아가씨이기도 하다.

지혜 씨 한 달 용돈 10만 원, 은혜 씨 한달 용돈 7만 원, 엄마 유영미 씨는 용돈 자체가 없다. 돈을 아예 쓰질 않는다. 이들 세 모녀의 한 달 생활비도 모두 합쳐서 20만 원! 어떻게 이럴 수가 있을까. 아무리 안 입고 안 먹는다고 하나, 도대체 생활이 가능하기는 할까? 친구들도 만나지 않는 걸까?

"저희는 돈이 없으면 그냥 쓰지 않는 스타일이에요. 그렇다고 친구들한테 빌붙지는 않아요. 돈을 모아서 친구들 만날 때 한꺼번에 쓰는 거죠."

유영미 씨는 경매를 배우길 무척 잘했다고 생각하고, 안정일 씨를 알게 된 것을 행운이라고 말한다. 안정일 씨와 카페 운영진은 유영미 씨에게 "열심히 꾸준히만 하면 원룸에서 벗어날 수 있다."

고 희망과 용기를 북돋아 줬다. 덕분에 유영미 씨는 희망 가득한 꿈을 꾸고 있다. 특히 그녀는 경매를 배운 후, 두 딸을 위해 특별한 계획을 세우고 있다.

"지금까지 아이들이 정말 고생을 많이 했어요. 앞으로 더욱 경매를 열심히 해서, 아이들이 그토록 갖고 싶어 하던 내 집, 내 방 한 칸을 꼭 결혼 선물로 마련해주고 싶어요. 거기까지 한 뒤에는 제가 가진 미용 기술로 어려운 사람들에게 봉사 활동을 하면서 살고 싶습니다(웃음)."

두 딸 역시 엄마에게 감사한 마음을 표현했다.

"저희 잘 키워주신 거 감사해요. 이제는 먹고 싶은 것도 사 먹고, 건강도 챙기셨으면 좋겠어요. 그리고 엄마도 좋은 사람 만났으면 좋겠어요. 아! 저희 결혼 선물 약속 꼭 지켜주세요(웃음). 정말 사랑합니다."

> 🔊 **은혜♡**
> 아침님 사랑합니다. 헤헤헤 ♡
>
> 🔊 **쁘띠아리**
> 읽으면서 나도 모르게 감동의 눈물이 난다.
> 엄마는 강하다!^^

삶이 더 즐거워졌다!
# 하늘세상, 고세천 씨

> 경 매 는
> 내 의지로
> 선택한 최초의
> 도 전
> 이었습니다

**다음의** ⟨Home336⟩ 경매카페에 자주 이름이 등장하는 사람들은 자연스럽게 관심이 간다. '하늘세상'은 의정부지역에 살고 있어서 의정부 신사로 불리는 사람이다. '하늘세상'이란 닉네임이 과연 무슨 뜻일까 많이 궁금했는데, 고세천(38) 씨는 '세상 세(世) 하늘 천(天)'이라는 이름이 가진 뜻이었다. 결혼 6년차에 이제 4살 된 딸이 있는 그의 본업은 액자제작업이다. 주변에서 흔히 접하기 힘든 직종이라고 생각했는데, 역시나 '가업(家業)'을 물려받았다고 한다.

그가 군대를 간 사이에 IMF가 터졌는데, 액자업계가 호황이었는지 아니면 그의 집만 호황이었는지 아버지는 IMF 시기에 사업을 대폭 확장했다. 때문에 고세천 씨는 군대에서 제대한 후, 바빠진 아버지의 일을 돕느라 복학을 차일피일 미뤘다. 그러다 어느 순간 정신을 차려보니, 동기들은 이미 졸업을 했고 그는 혼자 상당히 뒤쳐져 있었다.

"친구들보다 늦게 대학을 졸업했는데, 당시 IMF 여파로 취직이 힘든 상황이었어요. 제가 원래 경영에 관심이 있어서 경영학과를 졸업했는데, 기왕 이렇게 된 거 '아버지의 사업을 물려받아 본격적으로 경영을 해보자'라는 생각이 들더라고요. 그 사업을 지금까지 해오고 있는 거죠."

## 첫 번째 낙찰이 준
## 뼈아픈 교훈!

가업을 물려받아 경영하면서 지금의 아내를 만나 2년 열애 끝에 결혼도 했다. 그러던 어느 날, 2008년 9월 리먼 브라더스 파산으로 시작된 글로벌 금융위기가 한국을 덮치면서 가업도 타격받았다. 그동안 아버지가 해오던 방식 그대로 경영을 해왔던 게 가장 큰 문제점이었다.

"뒤돌아서 생각해보니 제가 방만한 경영을 해왔더라고요. 분명 아버지가 하실 때와 상황이 많이 다른데 고민을 전혀 하지 않았던 거죠. 일이 많을 때는 괜찮았는데, 일이 확 줄어드니까 경영의 문제점이 티가 나는 거예요. 내 힘으로 무언가를 도전해보려 하지 않았다는 점도 큰 문제였죠."

이 같은 상황 때문에 가업이 축소되면서 여러 가지 많은 생각을 하게 됐다. 더욱이 이쪽 일은 새벽에 시작해서 밤늦게 끝나기 때문에 안정적인 결혼 생활도 힘들었고, 체력적으로도 이 일을 오래 하기 힘들겠다는 생각에 도달했다.

뒤늦게 일에 대한 후회가 들면서 스스로 노력을 해서 이룰 수 있는 게 뭐가 있을까 고민하기 시작했다. 자격증 공부를 할까 싶어 알아보다가 우연히 재테크 코너에서 경매 책을 접하게 됐고, 왜 그런 생각이 들었는지 모르겠지만 '이건 내가 할 수 있겠다'는 생각이 들었다. 우선, 유명한 경매 사이트인 지지옥션에서 하는 강의를 들었고 관련 책들을 구입해서 읽었다. 부동산이란 게 실생활과 밀접한 관련이 있어서 그런지 공부를 하면 할수록 흥미가 늘었고 점점 경매의 재미에 빠져들었다. 독학으로 권리분석도 해보고, 혼자 법원 구경도 다니고 심지어 입찰도 해봤다. 그러던 2010년 2월 어느 날, 덜컥 '낙찰'을 받아버렸다. 오~마이 갓!

"지금 생각해보면 제가 용감했던 것 같아요. 매일 아침마다 운동하면서 눈여겨보던 빌라가 경매로 나온 거예요. 가까우니까 저걸 받아볼까 싶어서 한 군데의 부동산에만 가서 시세를 물어보고, 그 집 근처를 서성여보니 사람이 사는 듯싶어서 입찰을 했죠. 단독 낙찰이었어요. 그런데 매매를 위해 다시 부동산을 가보니 제가 임장했을 당시 가격보다 훨씬 낮게 부르더라고요. 제가 낙찰 받은 가격과 거의 차이가 없었죠. 설상가상으로 지금까지도 그렇게 힘든 명도는 없었던 것 같아요. 결론만 말하자면, 그 물건은 매매를 하지 못한 채 아직 가지고 있답니다."

하늘세상은 생애 첫 낙찰을 받은 후, 명도에 골머리를 앓고 있던 중 우연히 〈Home336(3천만 원으로 시작하는 내 집 마련)〉 다음의 경매카페를 알게 됐다. 그리고 운영진에게 SOS를 쳤다. 하지만 그땐 이미 시기가 늦었다. 깡패였던 그 집의 막내아들은 집안의 유리창과 변기 등을 모조리 부수어 놓고, 이삿짐도 수북하게 남겨 놓은 채 잠적해 버렸다. 명도 과정을 두 달 동안 겪으면서 마음 고

생한 거 생각하면 아직도 뒷목이 묵직하다. 그 빌라는 현재 월세를 놓은 채 보유 중이다.

## 감정 컨트롤하는 게 가장 중요!

하늘세상은 이렇게 혼자 주먹구구식으로 경매를 해서는 안 되겠다는 생각에 〈Home336〉 경매카페에서 하는 스터디를 들어보기로 했다. 2010년 3월 안정일 씨가 직접 강의하는 스터디를 듣고 이어서 실전반까지 들었다. 쉽고 명쾌했던 안정일 씨의 수업을 듣고 나니, 임장에서 자신에게 어떤 문제가 있었는지 깨닫게 되었다. 다행히 한 가지 얻은 게 있다면, 첫 번째 낙찰에 워낙 명도를 호되게 해서 그 다음부터는 명도에 자신이 생겼다는 점이다.

실전반 수업을 듣고 난 뒤, 명도에 자신감까지 붙었던 고세천 씨는 연이어 8건의 물건에 낙찰을 받는 기염을 토했다. 경매 물건만 낙찰 받는 게 아니라, 급매로도 수익을 봤다.

"한 개의 물건 당 수익은 1천5백만 원 정도 예상하고 들어갔는데, 거기에서도 약간의 오차가 생기긴 해요. 한동안 과속이 붙은 듯이 낙찰이 잘 되더니, 마지막에는 진짜 힘들더라고요. 40번 입찰했는데도 결국 낙찰을 못 받았던 적이 있어요. 2012년부터는 자금도 묶여 있고, 일도 많아서 경매는 잠시 휴업상태에 들어갔어요.

2014년에는 묶였던 자금이 회수가 되거든요. 이제 슬슬 다시 움직여 보려고요."

일과 경매를 함께 하려다보니 부담스러운 점이 많긴 했다. 그래서 선택한 것이 공동투자(이하 공투)이다. 그가 낙찰 받은 8건의 물건 중 4건은 실전팀 동기(곤티)와 함께 공투를 한 것이다. 공투를 해보니 여러 가지 수월한 점이 많았다. 임장(입찰할 물건의 시세와 관련 정보를 파악하기 위해 현장을 둘러보는 일) 시간도 줄어들고, 명도(낙찰 받은 부동산에 살고 있는 사람을 내보내는 일)도 그리 힘들지 않았다. 돈이 들어가는 문제인 만큼 사전에 미리 협의를 잘 해놓는 게 중요하다. 그는 파트너와 함께 공투를 하면서 서로 양보하고 상대방을 배려해 줄 수 있는 여유가 생겼다. 분명 혼자 하는 것보다 나은 점이 많았다.

"공투 형태가 지금은 저에게 훨씬 좋아요. 하지만 궁극적으로 투자는 혼자 해야겠죠. 5년 후 쯤, 일을 그만두고 전업을 할 때는 혼자 할 수도 있겠죠. 하지만 아직 전업에 대한 불안감은 있어요. 일정한 수입이 있는 게 아니까요. 충분한 준비를 한 다음 전업을 할 수 있을 것 같아요."

잠시 휴식기를 가진 그는 이제 슬슬 경매를 다시 시작할 준비를 하며, 그의 홈그라운드인 '의정부'와 '양주' 그리고 '남양주' 지역까지 두루 살펴보는 중이다. 각 지역에 부동산 대표들과 친분을 다져놓고, 입찰도 해보고 친한 동기들의 명도 역시 도와주고 있다.

그러나 1년의 공백 기간을 가진 후로는 임장을 다시 시작하려하니 시간이 많이 걸리는 건 사실이다. 그래서 관심 있는 지역의 임장은 절대 쉬는 게 아니란다.

"임장은 발품과 시간이 많이 필요해요. 잠깐 가서 확인하고 끝이 아니거든요. 가장 이상적인 방법은 최소한 경매일 보름 전에 가는 게 좋아요. 사람들이 많이 와보지 않았을 때요. 경매 기일이 다 돼서 임장을 가면 이미 소문이 많이 나서 정보를 얻기 힘들거든요. 그리고 일주일 후에 다시 전화해서 가격이 올랐는지 떨어졌는지 확인해보고, 그 주변 아파트 시세까지 파악해보죠. 비슷한 조건의 입지인데, 다른 아파트에서도 그만큼 낮은 가격의 매물이 나왔을 수도 있으니까요. 그런 과정들을 계속 반복하면, 나만의 임장 데이터가 생겨요. 그런 데이터를 노트나 블로그에 적어놓다 보면, 임장하는 시간이 확 줄어들죠."

경매를 하면서 가장 어려운 점은 '나 자신을 컨트롤하는 것'이다. 입찰을 할 때도 조금만 더 쓰면 낙찰이 될 것 같아 입찰가를 높게 쓰게 되는 게 이건 망하는 지름길이다. 명도 역시 마찬가지다. 상대방이 악을 쓰고 덤빈다고 똑같이 악을 쓸 필요는 없다. 처음에는 그도 상대방과 똑같이 악을 썼지만, 이제는 욕을 하든 말든 관망하는 자세를 유지한다. 결국 아쉬운 소리를 하는 건 상대편이라는 걸 알기 때문이다.

"모든 일은 제가 감정 컨트롤만 잘하면 자연스럽게 해결이 되더라고요. 법이 어차피 내 편이고, 어차피 나갈 사람이니까 소리를 지르지 않아도 된다는 여유가 생긴 거죠. 그리고 '왜 나만 낙찰이 안 되지?'라는 조급함이 생기면, 실수를 하게 되거든요. 경매를 계속할 거라면 꾸준한 관심을 갖는 게 가장 키포인트라고 말하고 싶네요."

하늘세상에게 경매란, '도전'이다. 태어나서 처음으로 도전을 해봤고, 그 노력으로 무엇인가를 얻는다는 기쁨을 누려봤다. 이 도전을 통해 삶이 '즐겁다'라는 생각을 하게 됐다. 물론, 처음에는 힘든 부분도 분명 있었지만 이제는 재미로 이 일을 계속 하고 싶다. 더불어 경매카페 회원들과 만나 정보를 공유하고 더 나은 삶에 대해 이야기할 수 있다는 게 무척 행복하다. 삶에 대한 도전, 여유, 돈 그리고 친구들. 이렇게 좋은 것들이 있는데 경매를 안 할 이유가 뭐가 있겠는가.

> 💬 **JICA**
> 신사의 품격이 느껴져요. 하늘세상님^^
> 가업과 경매 둘 다 원하시는 것 이루실 거예요.
>
> 💬 **소곰마미**
> 감정 컨트롤만큼 어려운 게 없는 것 같아요.
> 많은 가르침 얻고 갑니다!

신랑 월급만으로는 먹고 살기 힘드니까 자꾸 밖으로 나가고 싶다

# 분당댁, 김근영 씨

배우고 보니
주부들에게
경매처럼 쉬운
재테크가 없는
것 같아요

**슬하에** 두 아이를 둔 결혼 5년차 참한 새댁, 김근영 씨(31)는 결혼을 하면서 경매에 푹 빠져버린 가정주부다. 2012년 초, 갓난아기를 친정어머니에게 맡기고 경매를 배우러 다니던 때가 엊그제 같은데, 어느덧 9건의 낙찰에 성공하며 착실하게 수익을 챙기고 있는 야무진 경매인이 됐다.

선하고 참한 인상을 가진 그녀의 〈Home336〉 경매카페 닉네임은 '나 분당에 산다'는 뉘앙스 폴폴 풍기는 '분당댁'이다. 이제 두 살 아이와 네 살이 된 아이 둘을 키우고 2014년 말에 셋째의 탄생까지 예약해 둔 애국심(?)까지 강한 엄마다. 지금은 애 셋인 아이 엄마이지만 한때는 그녀도 잘나가는 건축설계 인테리어 디자이너였다. 물론 개인적으로는 일을 계속하면서 커리어를 쌓고 싶었지만, '엄마'라는 이름을 갖게 된 이후 '누가 아이를 키울 것인가'라는 지극히 현실적인 문제에 직면하게 됐고, 결국은 과감히 일을 포기하게 됐다. 하지만 그녀는 집에서 아이만 키우는 가정주부로만 살고 싶지는 않았다. 그래서 아이를 키우면서 할 수 있는 일이 뭐가 있을까 고민하기 시작했다.

### "설마님처럼 될 수 있겠다는 생각이 들었죠"

"어릴 때부터 엄마가 아파트 갈아타기를 잘하셨어요. 그 모습을 보면서 '아, 돈은 저렇게 굴리는 거구나'라는 생각을 하게 됐고, 언젠가는 나도 부동산 쪽에서 일해야겠다고 생각해왔어요. 그리고 회사를 그만둔 후, 경매에 관심을 갖게 됐죠. 아무리 책을 읽어봐도 마음에 와 닿는 책이 없었는데, 어느 날 신랑이 '재미있는 경매 책이 있다'면서 설마님(카페 운영자 안정일 씨)의 책을 선물로 주더라고요. 책 내용이 무척 쉬웠고, 이렇게만 하면 설마님처럼 될 수 있겠다는 확신이 들어서 경매카페에 가입했죠."

2012년 초, 카페 가입 이후 분당댁은 안정일 씨가 직접 가르치는 스터디를 듣기 위해 젖먹이까지 떼어놓고 경매 '열공모드'에 돌입했다. 〈Home336〉 경매카페 대부분의 경매인들은 스터디 이후 실전 수업까지 연이어 듣는 것을 당연한 수순처럼 여겼지만, 분당댁은 스터디만 듣고 곧바로 입찰에 도전하는 대범함을 보였다. 일단 입찰을 해보고 안 되면, 그때 가서 실전팀 수업을 들어도 늦지 않다고 판단했던 것이다.

그러던 중 입찰 10번 만에 덜컥 낙찰을 받으면서 '나는 경매에 운발 좀 따르는 여자구나'라고 생각했다. 흔히들 20번 이상 입찰을 해도 한 번 낙찰 받을까 말까 한다고 들었기 때문이다. 낙찰 받은 물건은 그녀의 홈그라운드인 분당의 21평형 아파트. 하지만 계속된 부동산 침체기로 인해, 결국 매도를 성공시키지 못하고 전세를 놓으면서 투자금 7천만 원이 꼼짝없이 묶이게 됐다. 그럼에도 분당댁은 이에 굴하지 않고, 대출과 마이너스 통장을 자유자재로 활용하는 신공을 발휘하면서 꾸준하게 입찰을 했고, 그러던 중 2013년 4월 또 낙찰을 받게 됐다. 용인에 위치한 25평 아파트였는데, 이 역시 수익이 거의 남지 않는 본전치기였다.

"실전팀 수업을 듣기 전에 2번의 낙찰을 했는데도 성공적으로 매도를 시키지 못하면서 후회를 많이 했죠. 실전팀 수업을 듣고 보니 첫 낙찰 물건에 대한 임장이 충분하지 않았던 거예요. '아 그래서 실전 수업을 들어야 하는 거구나' 생각했죠. 하하하. 큰 공부했다고 생각하기로 했어요."

## "보고 듣고 배울수록 더 많이 보였다"

2013-7기로 실전팀 수업을 듣게 된 분당댁은 수업을 통해 여러 가지 사실을 깨닫게 됐다. 임장을 할 때는 여러 군데의 부동산을 둘러보며 숨어 있는 '급매물'을 확인해보는 것이 중요하다는 것과 수익이 남는 게 없더라도 돈을 묶어 놓지 않고 빨리 물건을 매도하는 게 투자자의 입장에서는 더 나은 선택이라는 점! 지금이라도 임자가 나타나면 최대한 빨리 파는 것이 낫다는 사실까지도….

"혼자 경매를 해보니, 낙찰 기준가를 정하는 게 너무 어려웠어요. 다른 사람들은 어떻게 하고 있는 지 궁금했죠. 그리고 막상 실전팀 수업을 듣고 보니, 정보력 차이가 확연히 나더라고요. 첫 수업에서 임장을 다녔는데, 한 물건에 대해서 동기들의 기준가가 모두 다르다는 점에 충격을 받았죠. 그래서 여러 군데의 부동산을 돌아다녀봐야 하는 거구나 절감했어요."

또한 실전팀 수업을 통해 아파트 이외에 빌라와 다세대 주택에 대한 접근 방법도 익히고, 폭넓은 임장을 경험해 볼 수 있었다. 그러면서도 입찰은 쉬지 않고 계속했다. 그러던 중 2013년 10월 3번째 낙찰이 그녀를 찾아왔다. 이번에는 수원에 위치한 아파트였다. 그리고 한숨 돌릴 겨를도 없이, 1주일 뒤 4번째 낙찰까지 받았다. 와우~! 남들은 그렇게 받기 힘들다는 낙찰이 1주일 간격으로 2번이나 찾아온 것이다. 낙찰을 오매불망 염원하던 다른 회원들에게 부러움의 대상이 됐으나, 정작 자신은 얼떨떨하기만 했다. 임장과 입찰을 산책하듯 다녔을 뿐이라는 그녀의 대답이 돌아왔다.

"저는 임장과 입찰을 다니는 게 전혀 힘들지 않았어요. 오히려 하루 종일 집에서 아이들과 있는 것보다 더 편하고 자유로웠죠. 법원에 다니면서 밥도 먹고 사람 구경도 하고, 법원 공기도 마시고 그런 것들이 너무 좋았어요. 게다가 낙찰이 되면 수익도 생기니 얼마나 기대가 되는지 몰라요. 경매를 하면서 마음도 너그러워졌어요. 경매 물건을 고르기 위해서 나 혼자만의 시간이 필요하니까 신랑이 늦게 들어와도 다 용서가 되더라고요(웃음)."

분당댁이 이렇게 마음 놓고 경매를 하러 다닐 수 있었던 데에는 친정 엄마가 단단히 한몫을 했다. 경매를 처음 배우러 다닐 때부터 임장과 입찰을 다니는 모든 과정에서 어머니가 아이들을 돌봐주었기 때문이다. 게다가 마이너스 통장과 대출금으로 부족했던 투자금 역시 어머니의 주머니에서 나왔다. '투자한 만큼 수익을 나누어 달라'는 말과 함께 말이다. 분당댁은 발품을 팔며 직접 현장을 뛰었고, 어머니는 투자금을 대주며 수익을 나눴다. 이거야 말로 누이 좋고 매부 좋은 격이 아닐 수 없었다. 분당댁은 어머니의 든든한 투자금 덕분이었는지 이후로도 계속 낙찰에 성공해 지금까지 총 9건의 낙찰을 받았고, 꽤나 높은 수익을 올리고 있는 중이다.

한때 그녀도 건축 디자이너로 사람들에게 인정받는 인생이 성공적인 삶이라고 생각했던 때가 있었다. 하지만 사회생활을 하면서 일에 대한 열정은 사그라졌고, 특히 결혼과 출산을 한 여성들이 사회에서 홀대받는 모습을 보며 금전적으로 보상이 되지 않으면 적성도 다 무용지물이라는 생각이 들었다고 한다.

"제가 원래 집에 가만히 있는 성격이 못돼요. 그리고 아무리 신랑이 대기업에 다닌다고 하나, 앞으로 신랑 월급만으로는 먹고 살기 힘드니까 자꾸 밖으로 나가고 싶고 뭐라도 해야겠다고 생각했어요. 회사를 그만두면서 육아로 인해 내 모든 꿈이 사라지나 했는데, 경매를 하게 되면서 인생에 새로운 꿈이 생겼어요. 그래서 더더욱 계속 경매를 해야겠다고 마음먹었죠."

경매를 시작한 이후 가장 많이 달라진 점은 '돈을 굴리는 머리가 생겼다'는 것이다. 처음에는 경매를 입찰하고 낙찰 받고 매도

하는 게 전부라고 생각했는데, 이제는 다양한 물건들을 어떻게 굴리는지도 알게 됐다. 공부하고 알면 알수록 수익을 얻을 수 있는 구조가 많다는 사실이 그녀를 더욱 흥분하게 만들었다. 경매를 통해 낙찰 받은 집에 자신의 전공을 살려 멋있게 건축 설계를 해보고 싶은 욕심도 있고, 그렇게 직접 지은 집에서 임대수익을 내며 살아보고 싶은 꿈도 생겼다.

"경매가 생각만큼 어려운 건 아닌 것 같아요. 일단 한번 배우고 나면, 거기에서 나올 수 있는 또 다른 수익 구조들도 알게 되니까요. 권리분석에 대해 실수하지 않을까 걱정이 앞서는 부분도 물론 있지만, 배우고 나면 생각보다 쉬운 게 경매라고 생각해요. 그래서 저는 전업 주부들에게 적극 추천하고 싶어요. 출퇴근하는 게 아니고 시간을 나누어 운용을 잘하면 되니까요. 누구나 할 수 있으니까 용기내서 도전해 보세요!"

> 🔵 **서지연**
> 저도 친정에 신세 많이 지며,
> 직장맘하고 있는데 어여 경매맘하고 싶어요.
>
> 🔵 **스카이블루**
> 저희 집사람에게 이 글을 추천해야겠습니다!
> ㅎㅎ 멋지고 행복해 보이시네요.

[ 열공! 또 열공!! ]

### 아줌마 파워_by 雪馬(설마)

작렬하는 태양빛을 뚫고 14-6기 멤버들이 모였습니다. 휴가철에 더운 여름이라는 악조건을 극복하고 모여서 그런가 공부에 대한 열의는 활활 타오릅니다. 다른 기수에 비해 소수 정예입니다. 그래서 더 알찬 수업이 될 거라는 예상이 듭니다.

*추신: 다들 아줌마(ㅋㅋ)들이라 밥 먹다 보니까 금방 친해졌어요

경매로 인생의 새 희망을 꿈꾸는

# 안승배 씨
# 외국계 기업 직장인

> 가족의 웃음을
> 지켜주기 위해
> 경　매　를
> 시작했습니다

**안승배**씨(44)는 외국계 회사에 근무하는 소위 잘나가는 직장인이다. 때문에 가족의 생계를 걱정할 만큼 경제적인 사정이 어렵지는 않다. 그런 안 씨가 직장 이외에 다른 일을 찾아봐야겠다고 생각한 건, 바로 그의 부모님 때문이었다. 아버지가 퇴직을 한 이후, 부모님의 경제 상황이 갈수록 나빠졌는데, 장남으로서 그런 부모님에게 경제적으로 도움이 되어드리고 싶었던 것이다. 게다가 나이가 들어갈수록 어쩔 수 없이 회사에서 입지가 좁아질 수밖에 없는 현실 앞에, 한시라도 빨리 다른 일을 찾아야겠다는 생각이 늘 머릿속에서 떠나질 않았다.

## 연로하신 부모님 때문에 경매에 관심

외국에 나가서 공부를 많이 하고 돌아오면 더 좋은 대우를 해주는 직장을 얻을 수 있겠다는 생각에 유학 준비도 해봤고, 미국 공인회계사 자격증을 따기 위한 공부도 했다. 그러던 어느 날, 아주 우연찮게 '경매'라는 단어가 머릿속에 각인되기 시작했다. 늘 자신과 상관없는 분야이겠거니 생각했었는데, 왜 마음이 그쪽으로 향했는지 특별한 이유는 찾을 수 없었다. 단지, 여기저기서 경매라는 단어를 몇 번 주워들은 것이 이유라면 이유였다. 그렇게 서점으로 가서 경매 책을 골라 읽기 시작하면서 안정일(http://cafe.daum.net/

home336 경매카페 운영자 겸 『3000만 원으로 22채 만든 생생 경매 성공기』의 저자) 씨의 책도 접하게 되었다.

"수십 권의 책 중에 설마(안정일 씨의 Home336 경매카페 닉네임)님의 책을 골랐다는 게 지금 생각해보면 대단한 인연인 것 같아요. 그 책을 사서 읽다가 '아~ 이거다!'라는 생각이 들었으니까요. 그 뒤로 4권의 경매 관련 책을 더 읽었는데, 이해가 되지 않는 내용이 많았어요. 강의를 한번 들어봤으면 좋겠다는 생각이 들어서 설마님의 강의를 처음 듣게 됐어요. 그리고 강의를 들어보니 제가 미처 몰랐던 세계가 펼쳐지더라고요. 정신이 번쩍 들었죠."

## '경매'라는
## 믿는 구석이 생기다

2010년 여름부터 책을 읽으면서 공부를 시작했고, 11월에 안정일 씨가 운영하는 스터디에 참가했다. 안승배 씨는 안정일 씨의 강의 내용에 상당부분 공감했고, 자신감을 얻어 직접 입찰에 참여해보기로 했다. 그리고 직장을 다니는 상황에서도 2011년 초에는 첫 낙찰에 성공했다.

안승배 씨가 처음 낙찰 받은 물건은 고양시 덕양구에 있는 18평형 아파트다. 당시 시세가 1억 원이었던 아파트를 8천3백만 원에 낙찰을 받았고, 실투자금은 2백만 원이 들어갔다. 아파트는 월세를 내놓았는데, 대출이자를 제외해도 안승배 씨에게 27%의 수익률을 가져다준 물건이었다. 2012년 6월에 낙찰을 받았던 아파트는 2천만 원이라는 큰 수익을 남겼으며, 지난 7월에 낙찰 받은 아파트는 시세 2억 3천만 원에 낙찰 받아 2억 8천만 원에 매도하여 5천만 원의 시세차익을 남기기도 했다. 경매를 시작한지 3년 동안 많은 물건을 낙찰 받아 수익을 본 안승배 씨는 경매를 통해 인생에 새로운 희망을 꿈꾸게 됐다.

"경매를 해보니까 갑자기 삶에 대한 의욕과 자신감이 상승하는 게 느껴졌어요. 직장에서 누구에게 등 떠밀리지 않고, 전업을 하고 싶을 때는 언제든지 그만둬도 괜찮겠다는 생각이 드니까요. 전에는 미래를 생각하면 앞이 막막하다는 생각이 들었는데, 요즘에는 그런 두려움이 사라졌어요(웃음)."

직장인들이라면 누구든지 공감할 것이다. 출퇴근의 고통과 쥐꼬리만한 월급에 꼴 보기 싫은 상사까지 참고 참았던 날들이다. 그런 지긋지긋한 회사를 때려치우고 경제적인 자유를 얻는 것이 모든 직장인들의 꿈일 터. 안승배 씨는 경매를 통해 그 답을 찾았다고 말한다.

"경매는 저에게 믿는 구석이에요. 회사를 언제든지 그만둬도 먹고 살 걱정은 안할 수 있겠다는 생각을 하게 만들어줬죠. 그런데 아이러니하게 회사 일이 더욱 술술 잘 풀리는 거예요. 제가 자신감과 여유를 가지고 회사 일을 하다 보니, 제게 주어진 일만 하는 게 아니라 제가 일을 찾아서 능동적으로 하고 있더라고요. 자연스럽게 회사에서도 저를 더욱 좋게 평가해주게 됐죠."

직장을 다니면서 경매를 하기에 시간적인 여유가 부족했던 게 사실이다. 아무리 주 5일 근무를 해도, 법원은 평일에 가야 했기 때문이다. 그런 안승배 씨에게 힘을 보태준 사람은 바로 그의 아버지였다. 직장을 퇴직하신 아버지가 낮 시간에 그를 대신해 법원에서 입찰에 참여를 해줬던 것이다. 또한 그는 임장을 다닐 때도 비직장인보다 훨씬 더 많은 발품을 팔아야 했다.

"임장은 시간이 날 때마다 다녔어요. 처음에는 1주일에 세 번씩 다니다가 지금은 1주일에 한 번씩 다녀요. 저는 직장 때문에 평일보다 주말에 더 많이 돌아다녔어요. 임장을 다니면 굉장히 많은 정보를 알 수 있어요. 자칫 시세를 잘못 파악했다가는 시세보다 높게 낙찰을 받는 등의 낭패를 볼 수 있거든요."

물론 임장이 처음부터 쉽지는 않았다. 부동산에 문을 두드리기 전에는 크게 심호흡을 해야 했다. 손님인 척 부동산 사장을 귀찮게 하는 경매업자가 부동산 측에서 반가울리 없기 때문이다. 하지만 그것도 처음이 어렵지 한 번, 두 번, 부동산 문을 두드리는 횟수가 늘어나면서 자연스럽게 부동산 사람들과 친분이 쌓여갔다.

"처음 부동산을 방문했을 때는 면박도 많이 받았어요. 그런데 제가 물건을 낙찰 받아서 그 부동산에 내놓게 되면, 그 부동산 사장님과 친분이 쌓이게 되더라고요. 이제는 그분들이 저에게 오히려 좋은 정보를 알려주기도 하니까, 든든한 조력자 같은 느낌이에요."

## "강제집행으로 자신의 한계를 극복했다"

'임장'이라는 산을 하나 넘고 나니, '명도'라는 큰 산이 안승배 씨를 기다리고 있었다. 투자금을 마련하는 것도 임장을 하면서 면박을 받는 것도 명도에 비하면 아무것도 아니었다. 낙찰 받은 집에 살고 있는 세입자 혹은 집주인을 내보내는 일이 그렇게 어려울 줄 꿈에도 몰랐다.

"제가 보기보다 마음이 약해요. 그래서 못나가겠다는 집주인에게 월세를 받고 좀 더 살 수 있게 해줬죠. 하지만 집주인이 돈이 없으니 월세를 내지 않았고, 나가달라고 말하니 '집을 다 부숴놓고 나가겠다'고 협박까지 하더라고요. 결국 강제집행을 할 수밖에 없었어요."

경매로 낙찰 받은 물건을 세입자나 집주인이 끝까지 이사를 나가지 않을 경우 법적으로 강제로 이사를 시킬 수 있는데, 그게 바로 강제집행이다. 하지만 비용이 만만치 않게 들어간다는 게 문제다. 집안의 물건들을 옮기고, 컨테이너를 빌려 물건들을 보관하고, 물건들을 찾아가지 않을 경우 보관료, 그리고 폐기 비용까지 3~4백 원의 돈이 들어가기 때문이다. 안승배 씨는 경매에서 최악의 경우라고 말하는 강제집행까지 경험해 본 것이다. 그러나 강제집행 비용을 제외하고도 1천만 원 정도의 수익을 남겼으니 나쁘지 않은 결과였다. 그렇기 때문에 안승배 씨는 경매가 직장인들에게 매우 좋은 재테크 수단이라고 추천한다.

"저는 직장인들에게 포기하지 말고 꾸준히 경매를 해보라고 말하고 싶어요. 언제까지요? 일단, 수익이 날 때까지요. 한번 수익이 나면 쾌감과 보람 때문에 계속하고 싶거든요. 물론 직장 생활을 하면서 경매를 하는 게 그리 쉽지 않기 때문에 자기 자신에게 가끔 포상도 해줘야 해요. 저도 스스로에게 상을 주고 싶어서 얼마 전 가족들과 발리 여행을 다녀오기도 했어요."

안승배 씨는 경매를 시작하면서 많은 것을 얻었다. 강제집행이라는 쉽지 않은 상황을 극복하면서 자신의 한계를 극복해보기도 했다. 일의 시작부터 끝까지 모든 것을 책임져야 하는 상황에 부딪히면서 점점 강해지고 세상에 단련되는 자신을 발견할 수 있었기 때문이다. 이렇게 여러 가지 장점이 많은 경매를 알게 된 게 무척 다행이라고 했다.

"경매는 재테크 수익률 중에서 최고라고 생각해요. 재테크로 1년에 2천만 원의 수익을 내기가 쉽지 않으니까요. 한 건에 2천만 원의 수익이 나는 물건을 1년에 2건씩 하면, 직장인 연봉이나 마찬가지죠. 물론 쉽지는 않을 수 있어요, 하지만 가능성은 있어요. 어떻게 장담하느냐고요? 제가 직접 경험해봤으니까요!(웃음)"

안승배 씨는 요즘 매우 행복하다. 연로하신 부모님께 경제적으로 힘을 보태줄 수 있다는 게 아들로서 뿌듯하기만 하다. 가족이 행복해야 나 자신도 편하게 웃을 수 있다는 걸 잘 알고 있는 안승배 씨. 그는 이렇게 가족의 웃음을 지켜줄 수 있게 된 '경매'를 앞으로도 쭉 사랑하며 살 것이라고 다짐한다. 현재 안승배 씨는 직장을 계속 다니면서도 경매투자활동을 꾸준히 지속하고 있으며, 직장인을 위한 경매블로그인 '모세의 샐러리맨 경매하기'(http://blog.naver.com/mosac2012)도 운영하고 있다.

> **아잣**
> 경험담 잘 보았습니다.
> 직장인인 제 케이스와 비슷해서 더욱 제 경매 열정을 자극하네요.
> 감사합니다.^^
>
> **mosac**
> 결국 내 얼굴 다 공개됐다는…
> 지난 몇 년간 사진 찍을 때 요리조리 피했는데
> 다 소용 없어져버렸다는…ㅜㅜ
>
> **어장관리**
> 꿈은 꾸라고만 있는 것이 아닌 듯 … 이루기 위해 있는 것!!
>
> **소주한잔**
> 꾸준히 수익이 날 때까지
> 명심하겠습니다.

> 경매를 통해
> 세상을 배우고
> 평생 함께할
> 파트너도
> 얻었죠

공동투자를 하고 싶다면 이들처럼!

## 칼스, 김연수 씨

'나와 함께 경매를 공부했던 동료들은 지금 어디서 무엇을 하고 있을까?'

가끔 이런 생각을 해본 적은 없는가? 공부를 끝낸 후, 서로 연락이 뜸해지고 경매카페 활동을 하지 않는다고 해서 그가 경매 세계를 떠났다고 단정을 짓을 수 있을까? 조용하게 사는 줄 알았던 당신의 친구가 경매계의 숨은 고수가 되어 나타난다면 기분이 어떨까? 오늘 소개할 주인공이 바로 그 케이스다. 수면위로 자신을 드러내지 않지만 똑 부러지게 실속은 모두 챙기는 남자, 김연수(35, 카페 닉네임; 칼스) 씨를 만나봤다.

### "경매 그거 재미있어?"

김연수 씨는 IT업계에 종사하는 미혼의 서른네 살 직장인이다. 주 5일 근무 직장인으로 평범한 일상을 살아왔던 그가 요즘에는 밤샘 야간 근무를 자원하면서 살고 있다고 한다. 그 이유는 바로 '경매' 때문이다. 낮 시간에 임장과 입찰을 다니기 위해 과감히 회사의 근무 형태까지 바꾸게 된 것이다.

"저는 아직 결혼을 하지 않았기 때문에 남들이 기피하는 밤샘 근무와 야간 근무도 크게 부담이 없어요. 덕분에 낮에 임장이나 입찰도 마음껏 다닐 수 있죠. 잠은 언제 자느냐고요? 음, 아침에 퇴근해서 낮에 볼일도 보고 임장을 다녀야 하기 때문에 거의 못자요. 이틀에 4~5시간 정도?(웃음)"

오 마이 갓~! 하루에 4~5시간을 자는 것도 말이 안 된다고 생각했는데, 이틀에 4~5시간이라니 귀를 의심할 수밖에 없었다. 깜짝 놀라는 필자를 향해 김연수 씨는 태연하게 말했다.

"왜 꼭 잠을 자야 한다고 생각하세요? 잠을 안자도 괜찮다고 마음먹으면, 우리 몸도 곧 익숙해져요."

김연수 씨가 이렇게 생체 리듬까지 역행(?)하면서 경매를 해야겠다고 생각하게 된 계기는 뭘까. 그의 경우에는 '친구 따라 강남 간다'가 딱 들어맞는 속담이다. 부동산에 담을 쌓고 살던 그가 경매에 관심을 갖게 된 결정적인 이유는 회사 동료 '포유(카페 닉네임)' 때문이다.

공인중개사 자격증을 가지고 있을 정도로 부동산에 관심이 많던 포유는 회사 동료인 김연수 씨에게 "함께 경매를 해보지 않을래?"라고 제의했고, 남이 하는 공부와 취미는 무조건 따라해 볼 정도로 호기심 많은 김연수 씨는 "경매 그거 재밌어? 그럼 한번 해보지 뭐!"라고 흔쾌히 답했다. 김연수 씨는 이렇게 단순한 호기심으로 경매의 세계에 발을 내디뎠다.

## 1+1
## = 무한대!

김연수 씨는 포유의 소개로 〈Home336(3천만 원으로 시작하는 내 집 마련)〉 경매카페에 가입하고 스터디와 실전팀(11-7기) 수업을 수료했다. 이미 오랫동안 경매를 해온 카페지기 안정일(Home336 카페 운영자 겸 저자) 씨의 노하우 가득한 강의는 김연수 씨에게 신세계를 열어줬다.

"제가 경매 수업을 여러 곳에서 들어봤는데, 여기만큼 체계적이고 핵심을 깔끔하게 가르쳐주는 곳은 없었던 것 같아요. 1년 동안 실전을 통해 경험해봐야 알 수 있는 정보들을 한 달 만에 배우고 익힐 수 있다는 것도 굉장한 장점이었죠. 또 경매는 배울수록 매력이 있었어요. 경매가 사회적인 중요한 한 부분이라는 점도 굉장히 흥미롭고 임장을 다니면서 사람들과 대화하는 것과 돌아다니면서 생각을 많이 할 수 있는 점도 새롭고 재미있어요."

임장이 경매인들에게 극복해야 할 첫 번째 난관이라는 말은 김연수 씨에게 적용되지 않았다. 물론, 그도 강경하게 나오는 부동산 사장의 태도를 접하면 당황할 때도 있다. 하지만 사람과 사람이 만나는 일이라고 생각한 후, 마음을 비우고 부동산 문을 열면 크게 걱정할 일은 생기지 않았다.

"임장을 다니면서 처음에는 손님인 척 시세를 알아보지만,

다른 부동산에 들어가면 경매 때문에 왔다고 속 시원하게 밝히기도 해요. 부동산 사장님들도 요즘 경매에 관심이 많거든요. 경매는 제가 더 많이 알고 있기 때문에 오히려 저에게 이것저것 물어보기도 하세요. 그럼 손님으로 갔을 때보다 더 많은 정보를 건질 수도 있죠."

그럼에도 가끔 임장을 혼자 다니는 게 외롭고 버겁게 느껴질 때가 있다. 그런 때는 함께 공부했던 실전팀 동기들과 모여서 임장을 다닌다. 임장 후 서로 느낀 점을 공유하면 실수를 최소화할 수도 있는 게 큰 장점이다.

경매인 모두가 어려워 한다는 '명도'를 할 때도 동기들이 우르르 함께 몰려가 상대방에게 기죽지 않도록 존재감을 과시해 주기도 한다. 그렇다면, 이쯤에서 생각나는 이름이 있다. 포유! 김연수 씨에게 경매를 하자고 권유했던 포유는 어떻게 경매를 하고 있을까. 왜 김연수 씨는 포유가 아니라 다른 사람들과 임장과 명도를 다니는 것일까.

"포유는 처음부터 지금까지 저와 경매를 함께 하는 '파트너'입니다. 그런데 그는 회사에서 시간을 거의 낼 수 없는 자리에 있어 함께 임장을 다니거나 입찰을 할 수는 없어요. 그래서 우리들의 역할은 정확하게 나뉘어 있죠. 저는 임장과 입찰을 하고, 포유는 물건 분석과 금전적인 투자를 함께 하죠. 물론 수익은 무조건 50 : 50이고요."

공동투자! 경매를 누군가와 공동으로 투자한다는 게 과연 말처럼 쉬운 일일까? 십만 원에서 백만 원이 아니라, 억 단위의 돈이 왔다 갔다 하는 일이다. 자칫 잘못하다가는 서로의 마음에 크게 상처를 줄 수도 있다. 하지만 김연수 씨와 포유는 매우 젠틀한 투자자들이다. 미혼인 김연수 씨는 근무 시간을 바꿔가면서 임장과 입찰 그리고 명도에 충실하고, 포유는 함께 물건을 분석 판단하고 김연수 씨가 부족한 잔금 금액을 충당한다. 한 마디로 누이 좋고 매부 좋은 공생관계이다. 한 가지 물건에 대해 분석하고 판단할 때는 정반대의 의견을 내면서 목소리를 높일 때도 있지만, 그럼에도 서로에 대한 신뢰도는 100%라고 한다.

"공동투자의 장점은 굉장히 많아요. 서로 의견이 맞지 않을 때도 많지만, 오히려 다른 의견을 가지고 있다는 게 더 좋은 것 같아요. 실수를 최소한으로 줄일 수 있으니까요. 게다가 공동투자가 아니었다면 금전적인 압박이 심했을 거예요. 1+1=2가 아니에요, 바로 무한대죠!"

## "내가 먼저 믿을 만한 사람이 되어야죠"

김연수 씨와 포유의 공동투자는 위기의 순간에 그 빛을 발했다. 주위에서 모두 성공적인 낙찰이었다고 축하해준 40평대 한 아파트. 분명히 안정된 수익이 눈에 보이는 물건이었는데, 부동산 시장의 끊임없는 하락으로 인해 결국 엄청난 손해만 봤다. 투자방식에 있어서는 아무런 실수와 오류도 없었다. 다만, 그 시점 부동산 시장이 급격히 하락했을 뿐이다. 주식에서 손절매를 하듯이, 빨리 털고 일어나자는 생각으로 대폭 손해를 보고 처분했더니 이들에게 남은 건 '주변의 비난과 좌절감' 뿐이었다.

"혼자 투자를 했다가 이렇게 손해를 보고 팔았다면 전 경매를 포기했을 수도 있어요. 계속할 것인가 말 것인가 심각하게 고민했거든요. 주위 가족들의 반대도 빗발쳤고, 저희도 자신감을 많이 상실했죠. 앞으로 이런 경우를 겪지 않으리란 보장이 없잖아요. 그 절망적인 상황에서 빠져나오는 게 굉장히 고통스러웠어요. 경매를 하면서 '희망'이 느껴지는 게 아니라, '잘될까'라는 의심만 생기니까요. 그때 포유라는 저의 파트너가 없었다면, 전 지금 이 자리에 없었을 지도 몰라요."

역경을 헤치고 나온 두 사람의 의기투합은 다행히 해피엔딩을 맞고 있다. 이들이 지금까지 낙찰 받은 물건은 지난 2년 동안 총 6건. 물론 혼자가 아니라 높은 수익을 가져갈 수는 없었지만, 두 사람은 지금의 투자 형태에 매우 만족하고 있는 중이다.

"공동으로 투자하는 것에 대해 후회해본 적은 한 번도 없어요. 가끔 사람들이 혼자 투자하고 싶은 욕심은 없느냐고 묻는데, 아직까지는 없어요. 끝까지 믿고 갈 사람이라고 생각했으면 그냥 끝까지 믿어야죠. 오히려 제가 그 사람에게 먼저 믿을 만한 사람이 되도록 노력해야겠죠."

　　　상대방에게 더 먼저 믿음을 주는 사람이 되는 것이다. 김연수 씨의 이 말은 공동투자를 하고자 하는 사람들이 깊이 새겨야 할 말이 아닌가 싶다. 평생을 함께해도 좋은 파트너를 만나게 해준 경매. 김연수 씨는 경매를 알게 된 이후, 적어도 내 집이 사기 당해서 넘어가는 꼴을 가만히 지켜보고 있지는 않을 만큼 세상을 알게 되어 기쁘다고 말한다. 경매를 통해 세상을 배우고 돈도 벌며, 평생 함께할 파트너까지 얻은 김연수 씨. 이것이 그가 내일도 경매를 하고 싶은 가장 커다란 이유이다.

---

### 💬 방글스
대단한 열정과 노력 제가 부끄러워지네요. 그래도 든든한 파트너와 일석이조의 효과로 투자하시니 비록 지금은 작게 시작하지만 나중에는 눈덩이로 불어날 자산이 다가오겠네요. 대단하십니다.

### 💬 하늘세상
저도 혼자보단 공투를 많이 해서 무척 공감이 가는 내용이에요. 자칫 예민해 질 수 있는 부분들도 있지만 신뢰가 쌓이면 혼자보단 일이 훨씬 수월하고 서로 의지도 된다는 장점이 많아요. ㅎㅎ

### 💬 원더우먼
내가 투자한 시간은 절대 속이지 않지요.
정말 대단하시네요.
그 열정에 박수를 보냅니다.

등기권리증도 몰랐던 여자

# 히카리의 놀라운 변신

> 남의 돈도 이용하면서 살아야 한다는 걸 깨달았죠

**설마어록**

어느 날 남편이 다정하게 술상을 봐오면서,
"친구가 보증을 서주면 대박이 난다는데 보증을 서 줄까."라고 하면
술상을 엎어버려라.

**유난히도** 조심성이 많고, 안정적인 성향이 강한 사람들이 있다. 서른이 넘은 기혼녀가 등기권리증이 뭔지도 몰랐다. 남에게 돈을 빌리면 큰일 나는 줄 알고, 은행 대출은 물론 신용카드의 사용에도 가슴을 졸였다. 히카리는 그런 여자였다. 하지만 이제는 아니다. 마이너스 대출이나 은행 대출은 최대한 끌어다 쓰며, 남의 돈을 내 돈(?)처럼 굴려야 잘 먹고 잘 살 수 있다는 생각으로 살고 있다. 무엇이 히카리를 이렇게 바꾸었을까.

## "대항력이 뭐야?"

히카리(31)는 이 모든 변화의 시작은 남편 덕분이라고 말한다. 히카리에게 경매카페 가입을 권유하고 함께 스터디를 듣고 경매 공부를 했던 히카리의 남편 닉네임은 '터닝포인트'이다. 남편은 어릴 때부터 빌라와 아파트 이사를 자주 다녔던 부모님의 영향으로 부동산에 대한 관심이 높았다. 반면 히카리는 군공무원이었던 아버지 덕분에 사택으로 이사를 다니며 살아, 집에 대한 개념이 거의 없었다. 지금의 남편을 만나 결혼을 하고 전셋집을 얻을 때도 남편이 하자는 대로 따라가기만 했다.

그러다가 결혼 이후, 히카리는 직장에 대한 스트레스 때문에 일을 그만두고 쉬게 됐다. 정신적으로 육체적으로 인생의 휴식기를 가졌던 그때, 남편이 "해보고 싶었던 공부가 있는데 같이 한번 해볼래?"라는 제의를 해왔다. 바로 경매였다. 남편은 경매카페에서 진행하는 스터디에 히카리와 함께 신청했고, 안정일(카페 운영자)씨의 책도 그녀에게 사주었다.

"설마님의 책이 굉장히 쉬운 편이라고들 이야기해요. 그런데 저는 전혀 알아들을 수 없는 내용이었어요(웃음). 근저당이 뭔지도 몰랐으니까요. 반면 남편은 법을 전공해서인지, 강의도 잘 알아듣고, 제가 이해 못하는 부분을 친절하게 설명도 잘 해줬어요. 전세 살고 있던 집에 척척 전세권 설정도 해놓았더라고요. 저는 전세권이 뭔지도 모르고, 우리 집에 전세권 설정이 되어 있다는 것도 나중에서야 알았죠."

2010년이면 하우스 푸어에 대한 인식이 그리 높지 않았음에도 불구하고, 남편은 대출이 없는 집에 들어가야 한다고 고집했고, 히카리는 그런 남편을 이해하지 못했었다. 대출이 있는 집의 전셋값이 더욱 쌌기 때문이다.

다음의 경매카페에 스터디 신청을 해놓은 후, 남편은 히카리가 수업 내용을 이해하지 못할까봐 미리 사전 강의를 해주기도 했다. 집의 등기권리증을 펼쳐놓고 "이게 등기부등본이라고 하는 건데 말이야…. 우린 대항력이 있는 임차인이야."라고 말이다. 그런 남편의 말이 도대체 이해하기 힘들었던 히카리는 "도대체, 대항력이 뭔데!?"라고 질문하며 머리를 움켜쥐었다. 그렇게 히카리는 생애 처음으로 '집'이라는 존재와 마주하게 됐다.

## 낙찰 한번 받고, 내 집 마련까지!

2012년 5월에 스터디를 듣고, 곧바로 실전반(12-6기)까지 마쳤다. 카페의 운영진(설마와 댓바람) 강의는 명쾌하고 쉬웠다. 등기권리증이 뭔지도 몰랐던 히카리 조차, 쉽게 이해할 수 있을 정도였다. 수업이 어려웠으면 곧바로 그만뒀을지도 모른다. 그래도 신중하고 섬세한 성격의 히카리에게 '경매'는 낯설었다.

"사실 실전반 듣기 전에는 남편에게 '내가 다시 일할 테니까 안하면 안 돼?'라고 물어보기도 했어요. 그런데 남편은 '여기까지 왔으니까 한번 해보자'라고 말하더라고요. 그래서 남편을 믿고 다시 한번 잘해보자고 결심하게 됐죠."

거짓말을 하면 얼굴에 곧바로 티가 나는 히카리. 부동산에 들어가서 태연하게 손님인 척 연기는 게 그렇게 어려울 수가 없었다. 말도 헛나가고, 식은땀이 났다. 스트레스를 받아서 못하겠다고 투덜거릴 때마다 남편은 그녀의 어깨를 다독여줬다. 3개월 동안 임장을 다니며 입찰을 다녔고, 40번의 패찰 끝에 같은 해 11월 28일 생애 첫 낙찰을 받게 됐다.

인천에 위치한 24평 아파트였는데, 생각보다 저렴한 매매가격에 '이정도 가격이면, 꼭 서울에 살 필요가 있나?'라는 인식을 갖게 해줬다. 비록 수익이 크게 남는 아파트는 아니었지만, 무난하게 첫 매도를 마치고 나자 경매에 자신감이 붙기 시작했다. 가장 큰 변화는 히카리의 입에서 "대출을 받아 집을 사보자."라는 말이 나왔다는 것이다.

"제가 빚지는 걸 굉장히 싫어해서, 신용카드를 사용하고 나서도 다음날 바로 인출해가라고 전화할 정도예요. 그런 제가 대출을 받아 집을 산다는 건 상상도 할 수 없었던 일이거든요. 그렇게 결심하고 인천과 김포 일대의 아파트를 보기 위해 30~40군데를 다녔나 봐요. 내가 살 집을 보러 다닌다고 생각하니까요. 동네, 방향, 스토리, 주변상황, 개발 여부 등 모든 정보를 파악하게 되더라고요. 그리고 깨달았죠. 아! 임장은 이렇게 해야 하는 거구나라고요."

그리고 경매카페 회원들의 조언을 받아 김포에서 가장 괜찮은 단지의 32평형 아파트를 드디어 구입하게 됐다. 카페 운영진에게 코치를 받으며 생애 처음 집값까지 깎아봤다. '집값도 깎으면 깎이는 거구나'라는 것도 알게 됐다. 카페에 가입하고 1년 만에 히카리의 인식은 엄청나게 변해 있었다.

"경매 한번 낙찰 받고, 세상에 집을 사버렸네… 내가 느닷없이 이래도 되나? 라는 생각이 들더라고요. 걱정 반, 기대 반, 두려움 반으로 안절부절못하기도 했죠. 경매 자금을 확보하기 위해 집을 사면서 최대한 대출을 받았거든요. 빨리 이 대출금을 갚아야겠다는 생각이 들었죠."

그렇게 2013년 5월 히카리는 새 집으로 이사를 갔다. 이사 간 집이 복덩이일까. 이사 직후, 히카리는 7월과 8월에 나란히 2건의 물건을 낙찰 받으며 경매계에 떠오르는 샛별이 됐다. 히카리가 임장을 다니면서 물건을 보고, 남편이 주말에 추가 임장을 다녀온 후 가격을 정했다. 안정적인 성격의 히카리는 위험한 물건은 아예 접근할 생각도 안했다.

이해관계가 어려운 물건들은 지식이 부족할 뿐 아니라, 잘못해서 크게 손해를 볼 수도 있고, 아차해서 자본금이라도 묶이면 정말 난감해지기 때문이다. 큰 수익을 위해 욕심부리지 말고, 가늘고 길게 가기로 했다. 직장을 다니며 몸을 혹사하면서 하루 종일 일하지 않고도 연봉만큼 수익을 내는 게 그녀의 목표였다.

"제가 경매를 시작하고 집을 사면서 크게 한 가지 깨달은 건 '남의 돈을 이용하면서 살아야 한다'라는 거였어요. 제가 은행을 갔는데, 신용등급이 최하인거예요. 은행에서 돈을 빌려본 적도 없는데 왜 신용이 최하냐고 물었더니, 마이너스 통장이라도 써서 다시 되갚아야 신용이 좋아진다고 하더군요. 이렇게 제 생각이 바뀌고, 남편도 제가 대출받아서 집을 사자고 했을 때 깜짝 놀라는 눈치더라고요."

## "서울 재입성이 저희 꿈이에요"

히카리는 진중한 성격답게 보수적으로 금액을 정하고 입찰에 들어간다. 만일에 생길지 모르는 문제에 대비하기 위해서다. 또한 가격이 비싸고 좋은 지역이 아니더라도, 실수요자가 많아 보이는 지역을 선택한다. 잘 모르는 지역은 직접 대중교통을 이용해 주변을 살피고, 동네 사람들이 어떤 동선으로 움직이는 지 살펴봤다.

히카리는 경매를 통해 '대박'을 바라지는 않는다. 자유로운 생활과 함께 연봉 정도의 금액만 보장받는 게 그녀의 목표이기 때문에 남편이 경매로 전업을 선택하는 것은 바라지 않는다. 이런 이중생활(?)이 가능한 경매야말로 평범한 사람들이 직장 다니면서 할 수 있는 가장 최적화 된 재테크라는 생각이 든다고 했다.

"제가 일을 굉장히 열심히 하는 편이었는데, 지금 생각해보면 죽어라 남을 위해 일해 왔던 것 같아요. 그런데 경매 시작 1년 만에 저는 굉장히 자유로워졌어요. 회사 동기들이 여전히 힘들게 야근하며 일하는 모습을 보면 기분이 묘해져요. 자기 삶을 즐길 수 있는 방법은 여러 가지가 있는 것 같아요. 제 시간이 생기니까 이제야 가족도 보이고 친구도 보이네요. 부모님과 친구 생일도 깜빡하기 일쑤였는데, 내 주변을 돌아볼 수 있는 시간이 생겼다는 점이 정말 감사해요."

히카리는 자신을 변하게 만든 가장 큰 역할을 한 사람이 '남편(터닝포인트)'이라는 것을 잘 알고 있다. 혼자서는 절대 지금까지 올 수 없었을 것이다. 남편과 아내 둘 중 한 사람이 재테크를 잘못해서 손해를 보게 되면 부부 사이의 불화가 생기게 되지만, 두 사람이 함께 협심해서 재테크를 하면 망해도 공동책임이니까 마음의 부담이 없다는 것도 커다란 장점이다. 히카리와 터닝포인트의 꿈은 '서울 재입성'이다.

"지금은 작전상 일보 후퇴했지만, 친구들이나 친인척들이 모두 서울에 살고 있어서 꼭 서울에 내 집을 마련하고 싶어요. 지금처럼 경매를 계속하다 보면, 다시 서울로 이사를 갈 수 있겠죠?"

*본인이 개인적인 사정으로 사진 촬영을 원하지 않아 사진이 함께 실리지 않았습니다. 또한 실명을 밝히지 않았습니다. 양해바랍니다.

### 💬 雪馬(설마)
두 분을 보고 있으면, 천생연분이라는 생각이 딱 들어요. 항상 아름답고 예쁘게 사시는 터닝님과 히카리님 ㅎㅎ 그때 집들이 생각하면… 꼭 한 번 더 김포에 또 놀러가고 싶다는 생각이 듭니다.

### 💬 엉터리님
자기 집 마련이 막연히 어렵다고만 생각했었는데, 조금 희망이 보이는 것 같기도 하네요.

대형 평수 공략에 성공한
# 디톡스의 경매 비결

**흔히** 초보 경매인들은 이해관계가 어렵게 얽혀있는 물건이나 대형 평수의 경매 물건은 쉽게 접근하지 않는다. 전자의 물건은 그 이해관계를 풀기 힘들고, 후자의 물건은 매매가 쉽게 이루어지지 않아 오히려 손해로 이어질 수 있기 때문이다. 하지만 사람들의 이런 심리를 역이용하면서 경매로 짭짤한 수익을 내고 있는 사람이 있다. 이제 결혼 1년차 경매인 디톡스(36). 서울 강남의 한 안과에서 마케팅 실장으로 근무하고 있는 디톡스는 깔끔하고 명쾌한 경매 스타일로 경매 마니아가 되어가고 있었다.

## 경매를 '비장의 무기'로 생각했다

디톡스는 같은 병원에서 근무하던 선배가 경매에 관심을 갖는 것을 지켜보던 중 우연히 안정일 씨가 쓴 『3000만 원으로 22채 만든 생생 경매 성공기』라는 책을 접하게 됐다. 경매라는 분야가 생소했음에도 책을 읽고 순

> 경매는 제게 또 다른 세상을 열어주었어요

식간에 빠져들었을 정도로 책의 몰입도가 좋았다. 현재 다니고 있던 직장에 특별한 문제는 없었지만, 그럼에도 불안한 미래 때문에 '혹시나' 하는 마음으로 경매를 공부해 '비장의 무기'로 만들어야겠다고 결심했다. 이후 안정일 씨의 스터디 수업에 문을 두드리고, 실전반 수업까지 연이어 들었다.

디톡스는 처음부터 경매에 운이 따랐다. 수업을 받고 얼마 지나지 않은 2012년 11월, 첫 낙찰에 성공했다. 경기도 용인지역에 위치한 51평 아파트였다. 그런데 그의 첫 낙찰은 본인이 아닌, 동기의 공이 컸다. 근무 여건상 자리를 오래 비우기 쉽지 않았던 탓에, 실전반을 함께 들었던 동기들이 대리 입찰을 넣어주었기 때문이다. 그렇게 첫 낙찰을 동기의 대리입찰로 성공했는데, 한 달도 안 돼 또 낙찰을 받았다.

"두 번째 낙찰을 받고 나서는 멘붕이 왔어요. 설마님(안정일 씨)이 내주신 숙제를 하기 위해 가벼운 마음으로 경기도 광주지역에 임장을 갔는데, 근처에 괜찮은 물건이 경매로 나와 있길래 가벼운 마음으로 입찰해본 거였어요. 그런데 덜컥 낙찰을 받아서 엄청 당황했죠(웃음)."

두 개의 물건을 거의 동시에 낙찰 받아 진행하려면 그만큼 자본금이 확보되어야 했다. 투자금 준비는 충분했는지 물었더니, 그는 "주위 가족들의 돈을 빌려서 가까스로 맞출 수 있었다."고 말한다.

첫 번째 물건은 세입자가 부모님 나이대였는데, 시간을 조금만 더 달라는 요구를 해왔다. 마음이 약해진 디톡스는 대출이자 비용을 감수하더라도 세입자들이 원하는 만큼 시간을 더 줬는데, 마음을 착하게(?) 쓴 덕분인지 세입자가 나가지도 않은 상태에서 매매가 이루어졌다.

두 번째 물건은 강제집행을 했을 정도로 여러 가지 상황이 꼬였다. 세입자는 후순위로 들어온 소액 임차인이라 배당을 받지 못하는 사람이었다. 이사비용을 유난히 많이 달라고 하던 그 세입자는 본인이 원하는 대로 이사비용을 받지 못하게 되자, 결국 대부분의 이삿짐을 옮긴 후 현관문을 잠그고 잠적해 버렸다. 디톡스를 골탕 먹이기 위한 세입자의 전략이었다.

"이사하는 날 이삿짐을 빼고 나서 점심 먹고 오겠다고 하면서 가더라고요. 그런데 알고 보니 짐을 조금 남겨 놓고, 현관을 잠그고 가버렸더라고요. 집도 못보고 이사도 내보내지 못하고 너무 당황스러웠죠. 결국 강제집행을 신청해야 했는데, 그나마 평균 300만 원 정도 들어가는 것으로 알려져 있던 강제집행 비용이 120만 원 정도 들어서 정말 다행이었어요."

## 40평대 이상만 낙찰 받은 이유는?

디톡스가 경매에 빠지기 시작했던 때는 결혼을 앞두고 있던 시기였다. 당시 아내는 경매에 전혀 관심이 없었다. 하지만 첫 번째 물건에서 수익이 나는 걸 직접 확인한 이후, 조금씩 태도가 바뀌었다. 그 뒤로는 아내가 직접 입찰도 하고 괜찮은 물건을 검색해 디톡스에게 알려주기도 했다. 디톡스를 도와 조금씩 경매의 매력에 빠져가던 어느 날, 결국 아내가 한 건을 터뜨렸다.

"결혼하기 바로 직전, 아내가 직접 낙찰을 받았어요. 그날이 제 생일이었기 때문에 정말 큰 선물을 받은 기분이었죠."

아내가 낙찰 받은 아파트는 경기도 용인지역의 대형 평수 아파트였다. 그런데 지금까지 디톡스가 낙찰 받았던 물건들을 살펴보면, 모두 대형 평수의 아파트라는 것을 깨달을 수 있다. 첫 번째 물건은 경기도 용인지역에 위치한 51평 아파트. 두 번째 물건은 경기도 광주에 위치한 58평형 아파트, 세 번째 물건은 경기도 용인에 위치한 62평형 아파트였다. 여기에 지난해 10월에 낙찰 받은 아파트 역시 경기 용인에 위치한 48평형 아파트였다.

그는 왜 대형 평수의 아파트만 낙찰 받았을까. 보통 대형 평수는 사람들의 수요가 적은 탓에 자칫 투자 자금이 묶일 수 있기 때문에 여러 가지 위험변수를 고려해 초보일수록 접근을 꺼려한다. 하지만 디톡스는 생각이 달랐다.

"경기도지역은 아파트 평수가 커도 가격이 저렴해요. 서울의 20평대 아파트 가격과 비슷하죠. 그래서 사람들의 수요는 분명이 있을 거라고 생각했어요. 그리고 그 정도 넓은 평수에 살고 있는 사람들이라면, 인격적인 면이나 경제적인 면에서 명도를 하는데 크게 어려움이 없을 거라는 생각도 있었어요. 이런 이유 때문에 40평 이상만 겨냥해보자는 생각이 들었어요."

실제로 그의 생각처럼 강제집행을 한 물건을 제외하고는 나머지 물건의 명도는 매우 수월하게 진행됐다. 경매 시작 1년 만에 4건의 낙찰을 받아 수익을 남기고 있는 디톡스. 직장 생활과 병행하느라 여러 가지 고충이 많았을 텐데, 그의 경매 스타일은 군더더기 없이 깔끔하다. 게다가 대형 평수만 겨냥한다는 점에서 보면, 이제 막 시작한 경매인임에도 불구하고 경매 스타일이 대범하기까지 하다. 그 비결이 뭘까.

"내 앞마당을 구석구석 살펴보고, 조금씩 그 범위를 넓혀 갔어요. 보통 저녁 7시에 퇴근하고 난 뒤 임장을 해요. 처음에 부동산을 무작정 찾아가보니 집을 보기가 힘들더라고요. 이제는 미리 전화로 부동산에 예약을 해놓고 찾아가는 방법을 택하고 있어요. 그랬더니 훨씬 수월하게 집을 볼 수도 있더라고요."

물론, 경매카페 활동도 디톡스가 경매를 하는 데, 큰 힘이 되고 있다. 카페 운영자인 설마님은 초보가 실수할 수 있는 권리분석 부분에서 큰 실수를 하지 않도록 방향을 잡아주는 역할을 한다. 여기에 수많은 카페 회원들은 현재 그가 겪고 있거나, 앞으로 겪어야 할지도 모르는 다양한 경험들을 미리 해본 사람들로 가득하다. 그들의 생생한 경험담 역시 어디에서도 디톡스가 경매를 하는데, 큰

자양분이 되고 있다.

  대한민국의 많은 직장인들이 고민하고 있는 부분이기도 하지만, 디톡스 역시 현재 다니고 있는 직장을 언제까지 다닐 수 있을지 고민하는 중이다. 경매 '전업'에 대한 고민도 해본다. 하지만 지금까지 이뤄낸 몇 건의 낙찰만으로 '전업'을 논하기엔 아직 이르다는 생각이다.

  지금 현재 그의 목표는 마흔 살 전의 경제적 자립이다. 이와 동시에 마흔 살에는 새로운 '길'에 도전해 보고 싶다. 그때를 위해 지금부터 공인중개사나 법무사 책 등도 열심히 사서 읽어보는 중이다. 디톡스는 경매가 또 다른 세상을 열어준 '매개체' 역할을 했다고 말한다. 지금 현재 그가 살고 있는 삶은 부모님의 영향이 크지만, 경매는 그가 스스로 선택해서 만들어가고 있는 인생이기 때문이다.

  "제가 배운 능력으로 남에게 기대지 않고 평생을 활용할 수 있다는 게 엄청나게 큰 매력인 것 같아요. 사람에게 집이란, 평생 같이 갈 수밖에 없는 분야니까, 경매가 전문직 직업보다 더 좋지 않을까하는 생각이 들어요."

  경매를 시작하면서 수입과 미래에 대한 조급함이 줄어든 것도 큰 변화다. 경제적인 노예가 되지 않도록 긍정적인 마음을 갖고 살 수 있게 된 것도 감사하다. 처음에는 남에게 피해를 주는 일이 아닐까 걱정했지만, 막상 경매의 세계에 들어와 보니 경매인은 '청소부' 같은 역할을 하는 사람들이라는 생각으로 바뀌었다. 부실한 부분을 정상적으로 만들어서 채권자들이 받고 있는 불이익을 없애주는 역할이라고 말이다.

"경매는 계속하면 할수록 장점이 참 많아요. 일단 내 집이 경매를 당해도 당황하지 않을 것 같고, 집 관련해서는 사기도 당하지 않을 것 같아요. 지금은 직장 생활과 병행하고 있기 때문에 1년에 1~2건 낙찰 받는 게 목표입니다. 최종적인 꿈은 내 건물에서 나오는 월세로 먹고 사는 것이지만요(웃음). 그리고 어느 정도 실력을 갖추면 경매를 하고 싶어 하는 주변 사람들에게도 도움이 되고 싶어요. 그들과 함께 경매를 하면서 장애물이 나타나도 주저앉지 않고, 앞으로 나아가는 삶을 살고 싶습니다."

> 🔊 **家家**
> 경매란 걸 이제 알게 된 저한테는 정말 꿈같은 이야기네요.
>
> 🔊 **bigapple75**
> 생각만 가지고 있던 것들을 이루면서 살아가는 모습이 멋지세요.
>
> 🔊 **C.P.**
> 사고의 전환이 수익으로 이어지네요. ㅎㅎ 쉽지 않은 결정이었을 텐데 대단하시네요.

> 전 절대 특별한 사람이 아니거든요. 포기하지 않으면 누구든지 할 수 있어요

70번의 패찰쯤이야!
# 위핑, 정혜영 씨

## ⟨Home336⟩

다음의 경매카페에는 무한 긍정의 한 여자가 있다. 위핑(weepins cross)이라는 아이디를 가진 정혜영 씨(35)이다. 이제 결혼 2년차 신혼이며, 그녀는 같이 있는 사람까지 기분 좋아지게 만드는 긍정바이러스의 소유자다.

### "40번을 떨어져도 난 왜 지치지 않는 걸까?"

2013년 4월, 카페 운영자인 안정일(닉네임 설마) 씨와 함께 푸짐하게 차려놓고 저녁을 먹는 사진이 올라온 적이 있다. 언 듯 보기에는 남녀가 낙찰을 받고 안정일 씨에게 한턱 쏘는 느낌이었는데, 알고 보니 정반대였다. 40번째 패찰로 심신이 지쳐있는 위핑과 그녀의 예비신랑에게 안정일 씨가 위로의 밥을 사주고 있었던 것이다. 40번의 패찰이라면 포기하고 싶은 마음이 들어야 정상인데, 위핑은 오히려 "난 40번이나 떨어졌는데, 왜 지치지도 않죠?"라며 "60번째 패찰에도 (맛있는 저녁) 또 부탁한다."라고 넉살좋게 웃고 있었다.

그러나 그녀의 패찰 행진은 60번째가 지나도 계속됐고, 결국은 70번의 패찰을 기록하면서 경매카페 내 최고 패찰 기록자로 등극했다. 그럼에도 위핑은 좌절하지 않았다.

"70번이나 입찰에 떨어지면서 포기할까 고민도 했죠. 아마 설마님이 불러서 위로의 밥을 사주지 않으셨으면 포기했을지도 몰라요. 하하하. 그런데 이상하게 힘들어서 못하겠다는 생각은 안 들었어요. '언젠가는 되겠지. 다만, 시간이 너무 오래 걸리는 거 아닌가'라는 생각은 했었죠."

카페 내 최고 패찰의 주인공인 위펑은 결국 결혼 한 달 직전 극적으로 낙찰을 받고, 현재 그 집을 신혼집으로 꾸미며 살고 있는 중이다. 포기하고 좌절하지 않으며 기다린 결과, 웃는 날이 찾아오게 된 것이다. 이렇듯 무한긍정의 에너지를 가진 위펑은 왜 경매를 시작하게 된 것일까.

위펑은 결혼 전까지 주식투자 컨설팅회사에 근무했다. 원래 부동산 쪽에 관심이 도통 없었는데, 결혼을 앞두고 남편의 권유로 재테크 공부를 시작했다. 〈Home336〉 카페 역시 남편이 소규모 커뮤니티가 잘되어 있다며 위펑에게 추천해줬고, 곧바로 스터디와 실전반(2012-8기) 수업을 듣기로 결정했다. 2013년 6월 결혼을 앞두고 있던 위펑은 결혼 전, 2건만 낙찰 받아서 단타로 수익을 내보겠다는 야무진 꿈을 품고 겁 없이 경매계에 발을 들였다.

"보통 20번 입찰 끝에 한번 정도 낙찰을 받는다고 하더라고요. 그런데 계속 낙찰이 안 되니까 결혼준비도 안하고 계속 입찰만 하러 다녔어요. 낙찰 받아서 신혼집으로 들어가려고 가구나 살림살이 준비도 하나도 안하고 말이죠."

직장을 다닐 때는 법원 근처에서 직장을 다니던 예비 시어머니께 입찰을 대신 부탁하기도 했다. 시어머니가 얼마나 입찰을 많이 다녔는지, 나중에는 대출 전단지를 나누어주는 아주머니들과 친분이 생겼을 정도였다고. 어머니가 일이 생겨서 못가면, 동생을 시켜서라도 입찰에 절대 빠지지 않았다. 이렇게 온 식구들이 돌아가며 희생(?)을 하면서 70여 차례의 입찰 대기록을 세워준 결과, 위핑은 2013년 5월 1일 드디어 첫 낙찰의 행운을 잡게 됐다.

"처음 낙찰을 받고, 너무 기뻐서 시어머니에게 전화를 했어요. 시어머니가 '거짓말이지?'라며 안 믿으시더라고요. 결혼식 한 달 전에 낙찰을 받아서, 명도를 결혼식 1주일 전에 끝냈어요. 저희 부부의 거주지였던 인천지역의 빌라였는데, 시세보다 2~3천만 원 정도 싸게 신혼집을 구입한거나 마찬가지였어요. 오랫동안 기다린 보람이 있었죠(웃음)."

### 위핑이 3번 입찰한 것 중 2번 낙찰!

신기한 일은 70번의 입찰 동안 시어머니와 동생 등 가족들이 갔을 때는 그렇게 낙찰이 안 되더니, 위핑은 단 2번의 입찰에 낙찰이 됐다는 점이다. 더욱 놀라운 것은 위핑은 결혼 1주일 전, 3번째 입찰에 빌라 한 채를 또 낙찰 받았다. 본인 스스로 법원을 찾았던 3번의 기회 중 2번을 잡은 것이다. 이때도 위핑 혼자 입찰을 갔었는데, 남편에게 낙찰 받았다고 전화를 했더니 역시 믿지 않았다. 그렇게 결혼을 앞두고 기적처럼 2번의 낙찰이 위핑에게 찾아오고 정신없는 몇 개월이 흘렀다. 하지만 명도와 매매 역시 결코 쉽지 않았다.

"70여 차례 입찰을 다닐 때는 낙찰만 받으면 모든 게 끝인 것 같았어요. 입찰봉투에 서류를 써서 내면 끝이니까요. 그런데 알고 보니 낙찰이 제일 쉽더라고요. 낙찰 이후부터는 다음에는 사람과 직접 부딪혀야 하니까 산 넘어 산이었던 것 같아요."

신혼집으로 낙찰 받았던 첫 번째 집은 결혼 선물처럼 명도가 무척 쉬웠다. 오죽하면 카페에 '명도가 제일 쉬웠어요'라는 글을 올렸을 정도다. 세입자가 소액임차인이라, 배당을 전부 받을 수 있는 케이스였다. 덕분에 세입자를 찾아갔을 때 화기애애한 분위기에서 담소를 나누며 돌아올 수 있었다.

그러나 두 번째 집의 명도는 만만치 않았다. 아버지뻘 되는 세입자와 자꾸 말다툼이 일어났다. 거주기간과 이사비용을 협상하면서 위핑의 남편과 잦은 언쟁이 생겼던 것이다.

"남편 나이가 어려보이니까 자식뻘 되는 사람이 자꾸 본인의 이름을 부른다고 화를 내더라고요. 그래서 남편 대신 제가 나섰죠. 어르신 기분도 달래드리고, 이야기도 잘 들어주고, 최대한 불쌍한 자세를 취했지만, 그럼에도 똑 부러지게 우리가 원하는 바를 이야기했죠. 결국 이사비용도 무난히 합의를 봤어요."

위펑의 남편 '주로'(카페 닉네임)는 스터디와 실전반 수업을 먼저 듣자고 권유할 정도로 경매에 관심이 있었지만 막상 실전에 들어가니 힘들어했다. 부동산에서 거짓말을 하는 게 영 자신이 없었던 것이다.

"남편은 부동산에 들어가서 거짓말 하는 게 싫데요. 그래서 '당신은 회사를 열심히 다녀라. 경매는 내가 할께'라고 말했죠. 제가 다니던 회사는 출산 휴가가 없어서 빨리 그만두고 전업으로 경매를 하자는 결심을 했거든요. 결혼하고 신혼을 즐기면서 잠깐 쉬고 있는데, 이제 다시 시작해야죠(웃음)."

인터뷰를 하면서 한 가지 이상한 점은 주식투자컨설팅 회사에 근무했던 위펑의 이력이었다. 아무래도 부동산보다 전문분야인 '주식'으로 재테크를 했어야 하는 게 아닐까하는 의문이 들었던 것이다. 이에 대해 위펑은 "부동산이 더 안전하다."는 답을 내놓았다.

"부동산은 제가 본전을 잃을 위험이 크지 않아요. 그런데 주식은 위험한 부분이 있거든요. 물론 주식 투자를 아예 안하지는 않지만, 비중이 작아요. 부동산은 월급이면, 주식은 보너스 같은 느낌이에요."

경매를 시작하고 위펑도 여러 가지 상황이 달라졌다. 일단 인간관계! 직장 생활을 하고 결혼을 하면 점점 새로운 인간관계 형성이 힘들다. 하지만 〈Home336〉의 카페는 정보뿐만 아니라, 좋은 사람도 만나게 해준다. 경매라는 공통 관심사가 있고, 힘들고 지칠 때는 도와주기도 하며 낙찰 받고 매도하면 맛있는 밥도 얻어먹을 수 있다.

"경제적으로나 심적으로 여유로운 사람들과 만나서 그런지 저도 카페 회원들 만나는 게 좋아요. 매도하고 나면 다들 한턱씩 쏘시잖아요. 그 '턱' 먹기 바빠 죽겠어요. 단점이 있다면 턱 얻어먹고 살이 찌는 거? 하하하. 이렇게 좋은 사람들과 함께 직장 스트레스를 받으며 전투적으로 돈을 벌지 않아도 연봉 정도의 돈은 벌 수 있다는 자신감이 경매의 가장 큰 장점 같아요."

일찍 일어나는 새가 먼저 먹이를 먹는다고 했다. 위핑은 또래 친구들보다 '경매'를 빨리 할 수 있게 돼서 무척 다행이라고 했다. 앞으로도 부모님과 주위 사람들에게 경매를 통해 경제적으로 더 많은 도움을 주고 싶은 게 그녀의 꿈이다.

"제가 이번 인터뷰를 통해서 가장 하고 싶었던 말은 딱 한 가지였어요. 제가 70번의 입찰을 해봤는데, 그럼에도 포기하지 않았더니 결국 됐다는 거죠. 제가 절대 남들보다 특별한 능력을 가진 사람은 아니거든요. 그러니까 카페에 있는 다른 회원들도 포기하지 않고 열심히 하면 된다는 것을 알려드리고 싶었어요. 당신도 할 수 있습니다!"

### 🗨 고향
열정이 보여 좋습니다.

대단하시네요.

70번 패찰 상상불가 ㅋㅋㅋ

### 🗨 벙개소년
70번째 패찰쯤이야

설마님 때도 수십 번 패찰해도 꾸준히 하다보면

패찰이 단순히 패찰이 아닌 패찰을 통해

노하우를 쌓았다는 그 말이 기억에 남네요.

강한 자가 살아남는 게 아니라,

살아남는 자가 강한 자이다.

이 말처럼 꾸준히 전진하는 자만이 원하는 목표를 달성하는 거 같네요.

### 🗨 쏜다화살
긍정적인 마인드에 감명을 받네요.^^

### 🗨 소곰마미
대단한 끈기 본받아야겠어요.

### 🗨 채현
저도 잘 할 수 있다는 희망이 생기네요.

### 🗨 방글스
패찰 경험은 제가 많지만 보통 20~30번째 낙찰되는 경험인지라.

70번 패찰에 되신 것은 오로지 열정 하나로 도전한 거 같습니다.

대단하십니다. 잘 읽었습니다.

> 온 몸에 용 문신이 있던 집주인, 영원히 잊을 수 없을 것 같아요

경매로 신혼집을 얻다!

# 여미부부

**의정부역** 근처 카페에서 만난 인터뷰 주인공은 카페 닉네임 여미(37)부부였다. 그는 이제 막 결혼한 신혼처럼 아내의 손을 꼭 잡고 카페로 들어왔다. 알고 보니 그의 아내는 현재 임신 중이었다. 캠퍼스 커플로 만난 지 11년차, 결혼한 지는 4년째다. 오래된 연인들처럼 무덤덤해 질 법도 한데, 서로 얼굴을 쳐다보며 까르르 웃는 모습이 이제 막 시작하는 연인들처럼 깨가 쏟아진다.

두 사람은 결혼할 때 양가의 도움을 전혀 받지 않고, 모아놓은 돈 2천만 원과 대출금 5천만 원으로 신혼집을 마련한 야무진 커플이다. 결혼 이후에는 대출금을 상환하기 위해 더욱 열심히 돈을 모았고, 전세가 끝나갈 무렵에는 5천만 원의 전세 대출금을 모두 상환하고 여기에 2천만 원 상당의 자동차도 구입했다. 와우~! 두 사람은 억대 연봉자라도 되는 걸까? NO! 두 사람은 그저 평범하게 아끼

면서 살아왔을 뿐이란다.

## 어느 신혼부부의
### 경매사랑

대출이 있을 때는 돈 갚을 생각만으로 열심히 살았는데, 막상 대출을 갚고 보니 그사이 전셋값이 상승해 또다시 대출을 받아서 이사를 가야 했다. 허리띠를 졸라매며 열심히 살아왔지만 상황은 더 나아지는 게 없었고, 결국 또 제자리에서 다시 시작하는 꼴이 됐다. 두 사람이 앞으로 어떻게 살아야 할지 막막함 속에서 고민하던 중 시아버지가 '경매로 집을 사보는 게 어떠냐'는 권유를 해왔다.

"아버지가 경매에 관심이 있으셨어요. 지금 살고 계신 집도 경매로 낙찰 받으신 거예요. 그 말을 듣고 도서관에서 경매에 관련된 책을 40~50권 정도를 빌려 읽은 것 같아요. 그러던 중 결혼 전 혼자 살던 동네의 집이 경매로 나왔길래 그 집에 입찰을 해봐야겠다고 생각했죠. 그러던 중 〈Home336〉 카페에 가입을 하고 정모에 참석을 했어요. 그때 설마님(카페 운영자 안정일 씨)과 댓바람님(카페 운영진)이 참석하셨죠. 그래서 제가 입찰하려는 물건을 보여드렸는데, '어느 정도 이상의 금액은 쓰지 말라'고 친절히 조언을 해주셔서 정말 감사했죠. 하지만 낙찰은 안됐어요."

패찰 이후, 두 사람은 또 다른 집을 물색하기 시작했다. 이번에는 1억 원 이하의 집을 집중적으로 검토하면서 두 사람이 직접 들어가서 살만한 집으로 알아보기 시작했다. 2012년 5월 1일, 눈여겨본 집에 두 번째 입찰을 시도했다. 결과는 낙찰! 2번째 입찰에 낙찰을 받다니, 이게 꿈인지 생시인지 어안이 벙벙했다. 18평형 빌라를 9천만 원에 낙찰 받고, 까다롭다던 명도 역시 세입자가 한 달 만에 이사를 나갔을 정도로 순조롭게 끝났다.

"전셋집에 사는 것과 내 집은 느낌이 확 다르더라고요. 인테리어와 수리를 모두 싹 했는데 하나도 힘들지 않더라고요. 도배와 장판도 저희가 직접 다 했고요. 그때 카페에서 처음으로 인연을 맺은 사람이 하늘세상님이에요. 제 낙찰 게시물에 처음으로 댓글을 달아주신 분이기도 하죠. 낙찰 받은 물건을 보고 '긍정의 힘으로 버티라'고 하시더군요. 하하하. 애정 어린 독설(?)을 하셨던 하늘세상님도 수리를 마친 저희 집에 와보시더니 잘했다고 칭찬하시더군요. 그 정도로 반짝반짝 예쁘게 꾸몄던 것 같아요."

## 낙찰되지 않은 게
## 정말 다행

두 사람의 경매 낙찰 행진은 여기서 끝이 아니었다. 4번째 입찰에 또 다시 아파트를 낙찰 받게 된 것이다. 의정부지역 21평형 1층 아파트를 9천2백만 원에 낙찰 받았다. 돈이 하나도 없었는데,

'구하면 얻으리라'라는 말처럼 신기하게 돈이 맞춰졌다. 오랫동안 부어왔던 주택청약통장을 해약하고, 시아버님이 선물로 주신 묵직했던 금목걸이도 팔고, 월급도 몇 개월 동안 모으고, 살고 있는 집에서 대출도 받으며 모자란 나머지 금액은 대출로 충당했다. 낙찰 물건은 지금 월세를 놓고 있는데, 대출이자를 빼고 나면 얼마 남지 않지만 그래도 낙찰 받고 세까지 놓고 있다는 생각을 하면 그렇게 뿌듯할 수가 없다. 그-런-데! 이 집에서 가장 큰 문제는 '돈'이 아니었다. 명도! 그렇게 간담이 서늘했던 명도가 또 있을까 싶었던 것이다.

"임장할 때 집에 할머니가 혼자 사시는 줄 알았어요. 그래서 낙찰 받고 추리닝 차림에 홍삼음료 한 박스를 사들고 찾아갔죠. 그런데 심상치 않은 포스의 남자가 인상을 쓰면서 문을 여는 거예요. 발부터 목덜미까지 어마어마한 용문신이 그를 감싸고 있었죠. 그걸 보는 순간 '아… 우린 죽었구나'라고 생각했어요(웃음)."

문을 여는 순간부터 인상을 쓰던 그 남자는 두 사람이 들고 온 홍삼 박스를 보고 약간 태도를 누그러뜨렸다. '뭘 이런 걸 사왔느냐'면서, 그 남자는 "어머니가 몸이 안 좋아서 혼자 누워계신데, 자꾸 사람들이 찾아와서 귀찮게 하니까 기분이 좋지 않다."고 말했다. 이들 부부는 용문신을 한 남자의 기분을 거스르지 않으려고 노력하면서 "돈이 없어서 신혼집을 구하다 경매까지 하게 됐다."며 불쌍한 자세를 취했다. 결국 그 남자는 이들 부부에게 3개월의 시간을 달라고 했고, 무서웠던 그의 기에 눌린 부부는 3개월의 말미를 줬다.

"지금도 그 용문신의 남자를 생각하면 가슴이 떨려요. 다행히 3개월 뒤에 이사를 나가기는 했지만, 저희로서는 그만큼 대출이자를 지불해야 했죠. 거기에 밀린 관리비와 이사비용까지 지불하고 나서야 끝이 났죠. 얻어맞지 않은 걸 다행으로 생각하고 있어요(웃음)."

두 사람은 임장 그리고 입찰도 하고 낙찰까지 받으며 경매를 하고는 있었지만, 뭔지 모르게 답답한 느낌을 지울 수 없었다. 그래서 〈Home336(3천만 원으로 시작하는 내 집 마련)〉의 문을 두드리고 스터디를 듣기로 결정했다.

"남편이 마음을 먹으면 거침없이 진격하는 스타일이라, 제가 중간에서 제어를 해도 한계가 있더라고요. 아무래도 전문가의 조언이 필요하다는 생각이 들었죠. 함께 고민하고 이야기할 동료도 있었으면 좋겠고요. 친구들이나 가족들은 부동산 불황에 왜 경매에 관심을 갖느냐며 이상하게 생각하거든요. 2012년 9월에 스터디를 듣고, 실전팀은 2013년 6월에 들었어요."

실전팀을 듣고 난 후, 카페 회원들과 더욱 긴밀한 유대감을 가지게 됐다. 서로 정보 공유도 가능했고 입찰 물건에 대한 자유로운 의견 교류도 했다. 그리고 뒤늦게 서야 처음 두 사람이 입찰했던 물건이 낙찰되지 않은 게 정말 다행이었다는 사실도 알게 됐다.

## 한 사람의 인건비
## 정도의 수익

"실전팀 수업을 듣고 주변에 사람들이 많이 생겨서 정말 좋아요. 조언을 해줄 사람들도 많이 생겼고 힘이 돼주는 사람들도 많죠. 특히 아내가 임신한 이후에는 저희가 입찰하러 갈 시간이 없으니까, 하늘세상님이 대신 입찰도 해주셨거든요. 이렇게 많은 사람들을 얻게 돼, 카페를 알게 된 게 정말 다행이라는 생각이 들었어요."

2013년 6월 실전팀 수업을 받은 이후, 40번의 입찰 끝에 10월에는 구리시에 있는 아파트를 또 한 번 낙찰 받았다. 또한 2014년 4월, 이제 4개월 된 아이를 위해 아파트로 이사를 가기 위해 남양주시에 위치한 아파트를 시세보다 3천만 원 정도 싸게 낙찰을 받았다. 이 역시 아직 명도가 진행 중이지만, 조급하게 생각하지 않고 명도를 진행할 생각이다. 주변에서 도움을 주는 든든한 지원군이 생긴 탓에, 마음의 여유가 많이 생겼다. 카페를 알기 전, 두 사람이 입찰하러 다닐 때는 입찰 봉투에 금액을 맞게 썼는지 덜덜덜 떨었지만, 이제 입찰하는 일쯤이야 이들에게 대수롭지 않은 일이 됐다. 게다가 모임에서 사람들과 친해질수록 간접 경험을 많이 해볼 수 있다는 점도 좋았다.

"직장을 그만두고 삶의 여유를 갖는 건 모든 남자들의 로망 아닌가요? 주말에 임장하고 일주일에 한 번 입찰하는 이 생활이 전

너무 즐거워요. 입찰에서 떨어져도 포기하지 않고 계속한다면 내가 원하는 삶을 살 수 있다는 꿈을 가질 수 있으니까요. 그러다가 지칠 때쯤에는 모임에 한 번 나가서 긍정의 기운도 받아오고 사람들과 수다도 떨고 나면 힘들지 않아요(웃음)."

여미부부는 경매를 시작하고 나서 마음이 더욱 여유로워 직장에서도 그전만큼 스트레스가 크지 않다. 경매를 통해 재미도 느끼고 돈도 벌 수 있으니, 이보다 더 좋은 취미 활동은 없다. 때문에 무리하게 욕심을 내지 않고, 한 사람의 인건비 정도의 수익만 나오면 좋겠다는 소박한 꿈을 키운다. 그리고 그 끈을 놓지 않기 위해 카페에 글을 올리고, 사람들을 만나고, 사람들의 낙찰후기를 들어보고 계속 스스로를 자극시킨다. 그리고 5년 정도 후에는 아내가 공인중개사 자격증을 취득해 부동산과 경매를 병행할 계획도 세우고 있다.

"경매는 저희들에게 최고의 재테크예요. 주변 사람들에게도 빨리 시작하라고 권하고 싶어요. 우리가 돈으로부터 자유로워지고 스트레스를 받지 않게 된다면, 주변 사람들에게 더 많은 관심과 배려를 하면서 살 수 있을 것 같아요. 그리고 그런 날이 빨리 왔으면 좋겠어요. 그날을 위해 파이팅 할 겁니다!"

*본인이 개인적인 사정으로 사진 촬영을 원하지 않아 사진이 함께 실리지 않았습니다. 또한 실명을 밝히지 않았습니다. 양해바랍니다.

> **쏭아줌마**
> 336카페에서 신랑감을 만나시면 자동으로 '커플경매단'이 되실 수 있는데 ㅎㅎ
>
> **여미10**
> 진짜 두 번 다시 경험하고 싶진 않지만 덕분에 무서운 게 없어졌어요.

경매를 사랑하게 된
# 몽땅의 가족들

1년 3개월 만에 아버지를 설득했을 때가 가장 뿌듯했어요

다음의 〈Home336〉 경매카페 회원들 중에는 유독 IT업계에 근무하는 종사가 많다. 2013년 겨울 필자가 참석했던 한 모임 중에서는 10명의 회원 중 8명이 IT업계 근무했던 경험이 있거나 현재 근무 중이었다. 카페의 주인장인 안정일(설마) 씨 역시 전직 IT업계 근무자 아니었던가. 이들과 머리를 맞대고 왜! 이렇게 IT업계 근무자들이 경매 바닥으로 몰려드는지 고심해봤다. 그 결과 체력과 스트레스를 많이 요하는 직업인데 반해, 월급이 짜다는 게 그 답이었다. 열심히 일하면서도 어쩔 수 없이 먹고 살만한 다른 일을 찾아보게 만든다는 것이다.

이번에 만난 인터뷰 대상자 역시 IT업계 종사자였다. 그의 닉네임은 '몽땅'(31). 그 역시 "일하는 시간에 비해 일이 힘들다."며 쉽지 않은 직장 생활을 하고 있다고 밝혔다. 몽땅은 대학졸업 후 3~4년의 직장 생활을 하다가 미국 유학을 선택했다. 딱히 미국 유학을 가야 할 이유는 없었지만, 그렇다고 가지 말아야 할 이유도 없었다. 당시 해외 취업을 권장하던 사회적인 분위기가 그의 미국 유학행 결정에 한몫을 했다고 할 수도 있겠다.

# "경매,
# 믿을 수가 없었다"

아무런 연고도 없고, 돈도 없는 상태에서 막연히 떠난 미국은 생각보다 만만치 않은 곳이었다. 그러나 한번 떠나온 이상, 아무런 소득 없이 다시 한국으로 돌아가고 싶지는 않았고, 생활비와 학원비를 충당하기 위해 아르바이트를 4개씩 해야 했던 힘든 시간이 계속됐다. 이렇게 계속 살 수는 없다는 생각에 한국에서 여유롭게 살다가 미국으로 건너 온 다른 사람들에게 자문을 구했다. 그런데 연봉 1억 원 이상 받았을 정도로 한국에서 잘 나갔다고 하던 그들 역시 미국에서는 '집' 없는 생활을 하고 있었다. 자신과 별 다를 바가 없었던 것이다. 그래서 생각했다. 도대체 '집'은 얼마나 있어야 살 수 있는 건데?!라고….

그렇게 시작된 집에 대한 관심은 자연스럽게 그를 부동산에 빠지게 만들었고, 1년의 미국 생활을 접고 한국으로 돌아온 후 본격적으로 국내 부동산 시장을 파고들기 시작했다. 몽땅은 귀국하자마자 서점에 들러 안정일 씨가 쓴 『3000만 원으로 22채 만든 생생 경매 성공기』라는 책을 운명처럼 읽게 됐고, 순식간에 그를 경매의 세계로 안내했다.

"책 읽어보셨나요? 다른 사람들이 쓴 경매 책이랑 다르지 않아요? 교수님들 책처럼 딱딱하지도 않고 어렵지도 않잖아요. 만나서 이야기를 하면 뭔가 이야기가 통할 것 같은 느낌을 받았어요."

그 길로 안정일(카페 운영자 및 저자) 씨가 직접 강의하는 스터디를 들었다. 하지만 남에 대한 의심이 많았던 신중한 성격의 몽땅이다. 수업 듣는 것으로는 경매에 대한 확신이 생기지 않았고 운영진에 대한 믿음도 생기지 않았다.

"스터디를 들었는데 돈도 없고, 강의에 대한 확신도 없는 거예요. 그래서 실전반 수업을 들을까 말까 고민을 많이 하다가 수업료를 내지 않은 채 실전반 수업을 듣기 시작했죠. 그런데 설마님은 강의가 모두 끝나갈 때까지 저에게 돈에 대해 한마디도 안하더라고요. 그냥 저를 믿고 지켜봐주는 게 무척 감사했죠. 결론적으로 말하면 실전반 수업 내용은 굉장히 좋았어요. 그래서 수업을 마치고 수업료를 지불하면서 그 돈이 아깝다는 생각을 전혀 못했죠."

## 부모님을 경매 세계로 안내한 아들

경매에 대한 믿음이 생긴 덕분에 경매에 발을 내디딘 몽땅. 그는 경매카페에서 북부지역 경매모임 대장으로 활동하고 있는 소액임차와 동기다. 덕분에 종자돈이 모이길 기다리던 지루한 시간들을 보내면서 소액임차를 통해 많은 정보도 얻고, 전투력이 상승될 만큼 많은 자극도 받았다. 이젠 출격해야 할 때! 작은 자본금과 마이너스 통장에 대출을 잔뜩 받아 놓고, 드디어 임장을 시작했다. 하지만 다소 어려보이는 그의 외모는 임장에서 큰 장애물이 됐다.

"집을 보러 왔다고 부동산에 들어가면 제가 어려보이니까 다들 시큰둥해 해요. 그래서 싫다고 하는 여자 친구까지 데리고 가서 신혼부부 행세를 했는데도 이야기를 잘 안 해 주더라고요. 그런데 어머니랑 함께 부동산에 갔더니 태도가 확 달랐죠. 그 뒤론 어머니와 함께 임장을 다니고 입찰을 다니기 시작했어요."

하지만 아버지 몰래 어머니와 계속 임장과 입찰을 다니는 건 아무래도 한계가 있었다. 어느 날 용기를 내서 아버지에게 '경매를 하고 싶다'고 조심스레 이야기를 꺼냈는데, 돌아오는 대답은 "요즘 부동산 다 망해가고 있는데 거기에 투자하는 건 도박이다. 쓸데없는 짓하지 말고, 직장이나 열심히 다녀라."는 차가운 반응뿐이었다. 그 뒤에도 아버지의 설득 작업은 계속됐다. 그러는 도중 진행했던 입찰은 죄다 떨어지고, 입찰 때문에 일에 소홀해지면서 회사에서는 근무태만으로 상사들의 눈 밖에 나기도 했다. 이런 상황에서 계속 경매에 매달릴 수는 없었다. 부모님의 도움이 절대적으로 필요했다.

"제가 말로 아버지를 이길 수 없으니까, 어머니와 미리 말을 맞추고 다른 곳에 가는 것처럼 꾸미고 법원에 모시고 갔어요. 처음에는 당황해 하시더니, 경매법정에서 경매가 진행되는 모습을 유심히 보시더라고요. 법원 안을 계속 돌아다니시면서 경매지도 받아오시고, 사람들 사이를 비집고 들어가서 이것저것 살펴보시더군요. 그리고 집에 돌아오신 후에는 마음이 많이 바뀌셨어요. 경매에 우호적으로 관심을 갖기 시작하신 거죠. 아버지를 설득하기 시작한 이후, 1년 3개월 만에 이룬 기적이었죠."

2013년 2월에는 몽땅의 아버지와 어머니도 스터디를 함께 듣기 시작했고, 모임이나 엠티도 참석했다. 아버지는 안정일 씨의 수업을 듣고 난 뒤 '대단한 사람들이다'라며 감탄을 금치 못했다. 몽땅의 오랜 설득이 결국은 가족경매단을 탄생시킨 것! 아들은 권리분석을 하고, 어머니 아버지는 임장과 입찰을 다녔다. 가족이 단합해서 경매법정을 들락거리기 시작한 후 이들에게도 '낙찰'의 기쁨이 찾아오기 시작했다.

## 회사생활이 지루하고 따분해질 때 경매를 생각하면 힘이 난다

"2013년 여름, 아버지가 입찰 3번 만에 낙찰을 받으셨어요. 정말 떨렸죠. 아버지에게 '아들아, 됐다'라고 문자가 왔는데, 처음에는 무슨 말인지 몰랐어요. 그때 어머니에게 '낙찰됐다'고 전화가 오더라고요. 심장이 터지는 줄 알았어요. 곧바로 설마님과 소액임차님에게 제대로 된 가격에 낙찰을 받은 게 맞는지 물어봤죠. 많은 수익은 아니었지만, 수익과 상관없이 경매 시작 후 얻은 실질적인 결과

물이라 가족 모두 얼마나 뿌듯했는지 몰라요."

첫 번째 물건의 명도를 한지 얼마 되지 않아 분당에 위치한 한 아파트를 또 낙찰 받았다. 2건의 물건 모두 세입자가 웃으면서 집을 비워줘 까다롭다는 명도 역시 순조롭게 마쳤다. 두 번째 물건은 처음보다 좀 더 높은 수익이 났다. 처음에는 운이 좋아서 낙찰된 게 아니냐고 의심을 가졌던 아버지의 얼굴에서 좀처럼 웃음이 떠나지 않았다. 이들 가족들 모두 수익이 확실하게 눈에 보이니 자신감도 생기고 할 수 있다는 믿음도 생겼다.

가족끼리 모여서 이야기하는 시간도 늘었다. 가족이 함께 임장을 다녀보니 한 집에 대해 서로 얼마나 다른 시각으로 접근하는지도 명확하게 알게 됐다. 어머니는 집안의 구조나 위치 등 집이 살기 좋은지 나쁜지 등을 보고, 아버지는 수요가 얼마나 되는지, 되팔았을 때 얼마에 거래가 되는지 수익이 얼마나 남는지를 고민했다. 아들은 어머니와 아버지가 놓칠 수 있는 부분을 체크하고, 서로간의 의견을 조율하는 역할을 담당했다.

"어머니 아버지는 늘 일 때문에 바쁘시고, 퇴근 후 늦게 들어오시니까 대화할 시간이 없었어요. 그런데 지금은 매일 경매 물건으로 토론하고 회의하고 문자나 카톡도 주고받아요. 가끔 마찰도 있지만, 토론을 거치니까 물건에 대해 더 꼼꼼히 분석할 수 있어 시너지효과가 생기는 것 같아서 정말 좋아요."

어릴 때부터 특별한 취미가 없었던 몽땅. 그는 경매를 시작한 이후, 정말 재미있는 취미를 하나 발견한 것 같아서 행복하다. 생각만 해도 웃음이 나고 즐겁다. 회사생활이 지루하고 따분해질 때 경매를 생각하면 힘이 난다. 자신의 의지대로 원하는 삶을 살고 있다는 생각에 뿌듯하기까지 하다.

뒤돌아 생각하니, 설마(안정일 씨)와 댓바람(카페 운영진)을 만난 건 그의 인생에서 행운이나 마찬가지였다. 그의 곁에서 힘이 되어 주던 소액임차도 마찬가지. 2년 전 처음 만났던 그때와 똑같이 한결같은 사람들 덕분에 그는 포기하지 않고 경매를 할 수가 있었다.

"제가 얼마 전에 결혼을 했는데, 결혼 전에 부모님께 조금이나마 효도를 한 것 같아서 정말 다행이에요. 지금처럼만 계속 경매를 한다면, 저는 물론 제 주위 사람들까지 모두 행복해질 수 있지 않을까 정말 기대됩니다."

### 〈몽땅의 아버지 미니 인터뷰〉
"경매 무척 반대했는데, 지금은 오히려 아들에게 고맙다"

**Q** 아들이 경매를 한다고 했을 때, 경매에 대한 인식이 어떠셨나요?
**A** 처음에는 이야기도 못 꺼내게 했죠. 그런 생각하지도 말라고요. 우리 세대는 대부분 경매에 대해 부정적인 인식이 있었어요. 투기하는 사람 같아 보여서 좋게 보이지 않았죠. 게다가 요즘에는 부동

산 시장이 한풀 꺾여서 더욱 나쁘게 봤죠.

**Q** 경매에 대한 인식이 바뀐 중요한 계기가 있다고 들었는데요?

**A** 처음에는 아들이 법원을 구경하자고 하더라고요. 그때는 내가 너의 속마음을 모를 줄 아느냐고 하면서 안 갔어요. 그랬더니 엄마랑 짜고 저를 법원에 데리고 가더라고요. 이미 엄마랑 1년 전부터 법원을 다녔다고 하더군요. 그래, 일단 왔으니까 어디 한번 구경이나 해보자는 마음으로 자세히 봤죠. 그런데 이거 해보면 될 수도 있겠나 는 생각이 들더군요. 경매라는 게 직접 피부로 부딪쳐보니까 나쁜 것만은 아니구나 싶었어요.

**Q** 설마님의 강의를 직접 들어보니 어떠셨나요?

**A** 아들이 경매를 배우는 스터디를 직접 들어보라고 권유를 해서 들었어요. 아, 그런데 이 사람들이 정말 대단한 사람들이더라고요. 어떻게 그렇게 부동산 돌아가는 흐름을 꿰고 있는지 계속 감탄을 했죠. 사람을 빠져들게 만드는 매력이 있었어요.

**Q** 경매를 공부해 보신 후, 직접 2번이나 낙찰을 받으셨는데 기분이 어떠셨나요?

**A** 어휴, 얼떨떨해서 아무 생각이 안 나더라고요. 그냥 설마님이 시키는 대로만 했어요. 겁도 나고 아무 생각이 안 들어 설마님께 의지를 많이 했어요.

**Q** 지금은 경매를 어떻게 하고 계신가요?

**A** 이제는 제가 아들보다 더 많이 하고 있죠. 방바닥에 경매지가 잔뜩 굴러다니는 게 저희 집 풍경이에요. 아들은 회사를 다니느라 시간이 없으니까, 제가 물건을 뽑고 연구를 많이 하고 있어요. 수익이 나는 걸 직접 보니까 저도 열심히 하게 되네요.

**Q** 아버님에게 경매란 무엇인가요?

**A** 저도 이제 나이가 들어서 하던 일을 계속 하기 힘든 시기가 됐고, 노후도 생각해야 되잖아요. 앞으로는 경매를 하면서 먹고 살면 되겠다는 생각이 들었죠. 경매는 곧 제 노후에요. 이제 다른 일은 못할 것 같아요. 살아가는 데 뭔가 희망이 생긴 것 같아서 무척 좋아요.

**Q** 아들 덕에 행복한 노후를 꿈꾸고 계신데, 아들에게 하고 싶은 말이 있다면요?

**A** 처음에는 반대가 심했었는데, 지금은 아들에게 무척 고맙죠. 아버지가 고생하는 것 같아 보였는지, 일 그만두고 경매를 하자고 그렇게 설득을 하더니 결국 제가 하고 있네요. 2건 낙찰 받고 매도까지 하니 조금씩 자신감도 붙어요. 아직 조심스럽기 때문에 설마님에게 많은 도움을 받고 있어요. 카페 운영진께도 항상 감사해요.

사람들에게 '희망'이 된 사람
# 설마, 안정일 씨

누구에게나
희 망 은
있 습 니 다

오늘 인터뷰의 주인공은 〈http://cafe.daum.net/home336〉의 정신적인 지주이며, 초보 경매인에게 희망과 용기를 줬던 바로 그 사람이다. 그의 경매 철학에 매료됐던 카페 멤버들은 언제 어디에서나 그에 대해 애정공세를 퍼부었고, 마음에서 우러나오는 존경을 표시했다. 다음의 경매카페 〈Home336〉의 운영자이자, 『3000만 원으로 22채 만든 생생 경매 성공기』의 저자인 설마(카페 닉네임), 안정일 씨를 만났다.

## 경매로 집을 잃고, 경매로 희망을 찾았다!

필자가 설마를 처음 만난 건 2008년 7월이었다. '한국의 젊은 부자'라는 콘셉트의 소액을 투자해 거액의 돈을 모은 사람들을 인터뷰하던 시절이었다. 당시 설마는 3천만 원 전세에서 시작해 5년 만에 15억 원을 모은 경매 전문가로 필자를 만났다. 그 뒤 설마는 책도 출간하고, 카페를 통해 사람들과 꾸준히 소통을 하면서 경매 전문가로 승승장구하고 있다.

지금은 누가 봐도 남부러울 것 하나 없지만, 그 역시 경매로 집을 잃고 가족들과 함께 길거리에 내몰렸던 아픈 사연이 있다. 설마가 결혼 전인 1995년 아버지의 빚보증으로 가족들이 살던 집이 하루아침에 '경매'로 넘어갔고, 살 터전을 잃은 가족들은 뿔뿔이 흩어져 살게 됐다. 이후 아버지까지 화병으로 가슴앓이를 하다가 '암'으로 세상을 떠나게 되면서 상황은 더욱 악화됐다. 생계가 막막해진 탓에 그는 곧바로 생업 전선에 뛰어들었다.

고려대 공대 출신이었던 그는 전공을 살려 컴퓨터 프로그래머로 직장 생활을 시작했다. 하지만 IMF와 벤처 거품으로 인해 회사는 부도가 났고, 두 번째로 재취업한 회사도 잇따라 망해 그가 설자리를 잃게 됐다. 직장을 다녀도 변변한 돈벌이가 힘들다는 생각이 들자, '돈 되는 다른 일'을 찾아봐야겠다는 생각을 했는데, 그게 바로 '경매'였다.

2004년 당시는 경매가 사람들 사이에서 인식이 높아지고 있는 시점이었고, 서점에는 경매에 관련된 책들이 쏟아져 나왔다. 경매로 집을 잃어봤기 때문에 누구보다 '경매'라는 단어에 가슴이 아팠지만, 그는 경매에 정면으로 도전장을 내밀었다. 당시 설마가 가진 돈은 전셋돈 3천만 원이 전부였다. 그러나 그 돈이면 충분했다. 1억 원 상당의 아파트를 7천만 원에 낙찰 받고 그 아파트를 7천만 원에 전세 놓았기 때문에, 한 푼도 들이지 않고 아파트 한 채를 장만했기 때문이었다. 그의 첫 투자는 성공적이었다.

그 뒤 꾸준히 소액 투자를 반복하면서 그는 경매 시작 1년 만에 3억 원의 목돈을 손에 쥐었고, 3억 원은 그에게 더 업그레이드된 투자가 가능하도록 날개를 달아주었다. 그렇게 홀로 경매 투자를 시작한지 5년 만인 2008년, 그는 종합부동산세 1천만 원을 내는 고소득자로 우뚝 서게 됐다.

이와 더불어 그가 얻은 한 가지 선물이 또 있었다. 인터넷 카페에 홀로 고군분투하던 경매 경험담을 올렸는데, 그 후기를 읽고 감동받은 '팬'들이 생기기 시작한 것이다. 설마는 자신의 경험담을 읽고 격려와 응원을 아끼지 않았던 그들과 오프라인으로 모임을 가지면서 희망 가득한 미래를 꿈꾸기 시작했다.

"당시 저는 타 카페 회원일 뿐 운영자도 아니었는데, 어느새 팬이 생길 정도로 유명인이 됐더라고요. 서로 모임을 통해 자주 만나다보니, 우리끼리 터놓고 이야기를 할 수 있는 공간을 갖고 싶어서 카페를 만들었어요. 그게 바로 지금 〈Home336〉 카페랍니다. 워낙 가족처럼 친한 사람들끼리 모여서 만든 카페였죠."

설마가 카페를 만들었다는 소문이 퍼지자, 그의 추종자라고 자청하는 회원들 약 200여 명이 모였다. 설마는 자신에게 경매를 배우고 싶어 하는 이들을 위해 '스터디'를 진행하기 시작했다. 거창한 강의실도 없었다. 개인 오피스텔에서 과자와 음료수를 사다놓고, 조촐하게 둘러앉아 그룹과외 형식으로 스터디를 진행했다. 2008년 4월에 카페를 개설했고, 같은 해 9월에 스터디 1기가 시작됐다. 이렇게 시작된 카페는 2014년 현재 회원수가 1만5천 명에 이를 정도로 몸집이 커졌다.

그동안 수많은 회원들이 〈Home336〉 카페를 거처가면서 경매인으로 새로운 인생을 꿈꾸며 살고 있다. 설마가 이렇게 오랜 시간 카페를 운영하고 강의를 진행해 오면서, 카페 내 수많은 회원들이 여전히 "설마님을 닮고 싶어요!"라고 말할 정도로 추종자들은 기하급수적으로 늘어나고 있다.

## '가족'같은 사람들의 시너지효과

경매가 대중화된 만큼 경매 관련 카페를 운영하고, 오프라인으로 경매 강의를 하는 곳이 셀 수 없이 많아졌다. 그럼에도 불구하고, 회원들이 꼭 이곳을 고집하는 이유는 어렵지 않게 찾아볼 수 있었다.

경매카페에 가입한 회원들 중 상당수의 사람들이 처음 카페를 찾는 첫 번째 이유는 바로 '설마의 책' 때문이다. 책을 읽고 설마가 누군지 궁금해서 카페에 가입했다는 것! 설마가 2009년 9월에 출간한 『3000만 원으로 22채 만든 생생 경매 성공기』는 초보 경매인들의 눈과 귀를 번쩍 뜨이게 만들어 준 보물과도 같았다.

기존에 나와 있던 경매 책들이 딱딱한 이론 중심으로 구성돼 어렵기만 했던데 비해, 독자들은 그의 책을 접하고 "사막에서 오아시스를 만난 것 같다."고 고백했다. 이 책은 설마의 경험담을 바탕으로 현장감을 생생하게 살려 이론보다 실무 중심으로 엮어놓았고, 친한 친구들에게 설명해 주 듯 이해하기 쉬웠다. 책을 통해 설마의 존재를 알게 된 사람들은 자연스럽게 카페에 가입을 하고, 설마의 강의를 듣게 됐다.

'강의'라는 대목에서 회원들이 설마에게 빠져든 두 번째 이유를 찾을 수 있다. 그의 강의 역시 책만큼이나 명쾌하고 쉬웠던 것이다. 많은 회원들은 그의 강의를 통해 "나도 할 수 있을 것 같다."는 희망을 갖게 됐다고 말한다. 설마는 이에 대해 "내가 아는 것을 최대한 쉽게 설명을 해주고 싶었다."고 한다.

"저 역시 많은 경매 강의를 들어봤어요. 그런데 저도 50%는 이해가 안 될 정도로 내용이 어렵더라고요. 그래서 가능하면 어려운 내용을 쉽게 설명해보자는 생각을 했었죠. 과외나 컴퓨터 학원에서 아르바이트 강의를 할 때도 제가 아는 걸 어떻게 하면 사람들에게 잘 이해시킬 수 있는지 고민해왔던 게 도움이 많이 된 것 같아요."

설마는 강의를 통해 많은 것을 가르치려고 하지 않았다. 꼭 필요한 2~3개 내용을 이해시키는 것을 목적으로 하고, 나머지 시간들은 재미있는 이야기들과 사례들로 채운다. 그리고 어려운 내용에 대해서는 "여러분들은 몰라도 됩니다!"라는 말로 선을 그어주면서 마음의 부담을 덜어주는 방법을 택했다.

설마의 강의가 인기가 많은 이유는 바로 '청강이 가능하다'는 점이다. 설마는 한 번 스터디를 들은 사람들에게는 무한대로 청강을 허락한다. 때문에 한 번 듣고 이해를 할 수 없었던 사람들, 혹은 다른 스케줄로 강의를 듣지 못했던 사람들도 강의를 놓치지 않고 들을 수 있었다. 이런 무료 청강 시스템은 다른 어떤 곳에서도 찾아볼 수 없는 점이다.

게다가 부부는 일심동체라는 말 그대로, 부부에게는 한 사람의 수강료만 받는다는 점도 매력적이다. 이 때문에 남편 혹은 부인이 먼저 스터디를 들었다가, 몇 개월 후 배우자가 혼자 와서 무료 청강하는 경우도 적지 않다. 처음 스터디를 시작했을 때 수강생 중 한 명이 "아내도 스터디를 듣게 하고 싶어요."라고 부탁해서 "네~그냥 오세요."라고 대답한 게 지금까지 이어져 온 것이다.

"무료 청강에 대해 사람들이 왜 그렇게 하는지 궁금해 하는 분들이 많은데, 이유는 간단해요. 처음부터 가족적인 분위기로 시작을 했기 때문인 것 같아요. 워낙 서로 친했으니까요. 스터디에 자주 놀러오고 서로 맛있는 것도 나누어 먹는 분위기였거든요. 무료 청강이나 배우자 청강은 당연한 일이었어요. 그게 지금까지 쭉 이어져 오고 있는 거구요."

## "믿는 만큼 다시 돌아왔다"

〈Home336〉의 가장 큰 장점이자 사람들이 이 카페를 좋아하는 세 번째 이유는 바로 '가족 같은 분위기' 때문이다. 인터넷 상에서 만난 사람들끼리 '가족'이라는 개념으로 묶일 수 있다는 게 과연 가능할까 싶지만, 이곳에서는 가능했다. 카페 개설 초기인 2008년에는 초창기 멤버들이 가족처럼 친하게 지냈던 것이 시작이었다.

"초창기 회원들은 2기 스터디 종강할 때 1기 선배들이 '종강을 축하한다'며 음료수를 사들고 왔어요. 그 뒤로는 자연스럽게 서로를 챙기는 게 카페 전체적인 분위기로 확산됐죠. 그리고 경매라는 재테크가 가족이 잘 살자고 하는 거잖아요. 그래서 가족 동반으로 엠티도 가고 모임도 많은 편이죠. 가족을 중시하자는 게 우리 카페의 기본 모토니까요."

설마가 가족 동반을 중시하는 이유는 '경매'가 목돈이 들어가는 일이기 때문이었다. 투자 금액이 크기 때문에 남편과 아내가 충분히 합의하고 결정해야 할 일이라는 것이다. 그리고 부부가 함께 상의를 하려면 '경매'의 개념을 알아야 하는데, 배우자의 설명으로 부족하기 때문에 부부 청강이 큰 도움이 됐다.

책을 통해 경매에 관심을 갖고, 인터넷 카페에 가입하고 강의를 들어봐도 막상 실전으로 들어가면 머릿속이 하얗게 되는 건 어쩔 수 없다. 그런데! 〈Home336〉 카페는 덜덜 떨리는 새가슴을 가진 초보 경매인들에게 실전에서 힘을 실어줄 지원군이 든든하게 포진하고 있다. 사람들이 이 카페의 장점으로 꼽는 네 번째 이유는 바로 '회원들의 활발한 상호 교류'다. 때문에 온라인 카페답지 않게 사적인 모임이 많다. 원래 오프라인 모임이었던 것처럼 말이다. 후배

기수가 스터디를 할 때 찾아와 간식을 사주면서 격려하고, 후배들이 모르는 부분에 대해서는 언제든지 조언을 아끼지 않는다.

"아마 다른 카페에는 이런 분위기가 없을 거예요. 여긴 이상하게 그런 분위기가 형성되어 있어요. 특히 고수분들이 초보자들에게 헌신적으로 열과 성을 다해 가르쳐 주잖아요. 그렇게 심성이 착한 분들이 많다는 게 감사하죠."

덕분에 카페에는 "선배들의 적극적인 조언 덕분에 경매를 포기하지 않고 계속할 수 있었다."는 초보 경매인들의 감사 글을 쉽게 발견할 수 있다. 유유상종이라고 했던가. 아마도 설마의 헌신적인 강의 스타일이 회원들에게도 전달된 것 아닐까 싶다. 많은 사람들은 설마의 강의를 듣고 나면, '고급정보를 왜 우리에게 세세하게 알려줄까' 싶은 마음에 오히려 의구심이 생길 정도라고 말하기도 한다. 소위 '돈'이 되는 정보들인데, 혼자만 알고 있지 않고 사람들에게 모두 공개하는 게 이상하다는 것이다. 이에 대해 설마는 "저는 어렵게 배웠으니까요."라고 답한다.

"제 입장에서는 정당한 수업료를 받고 가르쳐주는 거잖아요. 그러니까 제가 아는 만큼 가르쳐 드리는 게 당연하죠. 그런데 사람들이 '이런 노하우는 왜 공개하느냐?'라고 물어보는 이유는 돈을 지불한 것보다 더 많은 것을 받았다고 생각해서 그런 것 같아요. 대가를 내고 배우면 전 충분히 가르쳐 줄 마음이 있어요. 대가 없이 공짜로 배운 지식은 머릿속에 남지 않는 법이죠. '부자에게 점심을 사라'는 말도 있잖아요(웃음)."

사람들은 이렇게 자신이 가진 모든 지식을 퍼주는 설마를 보며 '장삿속이 없는 사람'이라고 평가한다. 그리고 처음 만나는 순간부터 지금까지 '한결같이 똑같은 사람'이라고 말한다. 설마는 사람들의 이 같은 평가에 "제가 참 순진하게 생겼어요."라고 웃어넘긴다.

"저의 마음속에 딴(?)생각이 없기 때문이 아닐까요? 제가 이 사람들을 상대로 뭘 좀 해야겠다는 생각을 절대 안하거든요. 그냥 믿는 거죠. 사람들에게 신뢰를 보내고 퍼주는 만큼, 그 신뢰가 다시 저에게 돌아오더라고요. 처음 시작할 때부터 장삿속으로 시작한 일도 아니고, '내가 더 많이 준다'는 생각으로 살다보면 나중에 더 많은 걸 얻게 되요."

'내가 더 많이 준다'는 그의 마음가짐 때문일까 카페를 통해 수많은 사람들을 만났지만, 한 번도 사람에게 실망한 적은 없다. 특히 거금이 오가는 공동투자가 비일비재 한데도 불구하고 말이다. 그만큼 서로를 믿고 투자를 하기 때문에 가능한 일이었다.

"만약 상대방이 투자한 금액을 들고 도망가도 '내가 저 사람을 잘못 봤다'고 생각을 하고 끝내야죠. 대신, 일을 결정하기 전까지 충분히 고민을 하기 때문에 결정하기까지 오래 걸리죠. 일단 한번 믿기로 했으면 믿어야죠. 그런데 여태까지 한 번도 사람한테 실망하거나 후회한 적이 없어요. 그런 부분에서 전 항상 인복이 많다고 생각해요."

# Happy Together, forever!

1만5천여 명에 달하는 사람들이 모여 있는 카페를 운영한다는 건 결코 쉬워 보이지 않는다. 하지만 설마는 "카페에 늘 좋은 사람들만 모이기 때문인지 그런 고민을 한 번도 해본 적이 없다."고 말한다. 카페 멤버들과의 만남은 늘 재미있고 활기가 넘친다. 이런 긍정적인 에너지는 부동산이 침체되고 힘들었던 시기에도 함께 웃을 수 있도록 만들어줬다.

카페 회원들은 낙찰을 받으면 기뻐서 밥을 사고, 명도를 무사히 마치면 속이 후련해서 밥을 사고, 매매를 하면 손에 돈이 들어왔으니 밥을 산다. 이들은 기쁜 마음으로 사람들에게 조촐하게 식사 자리를 마련하고, 감사의 인사를 전하기 위해 설마를 그 자리에 꼭 부른다. 덕분에 설마는 1주일에 3~4번을 회원들이 마련한 식사 약속에 참석하느라 바쁘다.

"일주일 중에 스터디 강의하는 날을 제외하고, 점심과 저녁은 모두 회원들과 식사를 한다고 보면 되요. 좋은 일이고 기쁜 일인데 제가 같이 가서 축하를 해드려야죠."

설마는 얼마 전 회원들이 그를 찾아와 밥을 사는 것에 대한 감사의 마음을 '기부'라는 형태로 표시하기도 했다. 회원들이 한 끼의 밥을 살 때마다 스스로 적립금을 만들어 놓았는데, 최근에 100

만 원이 모여 사회복지 단체에 기부를 하게 된 것이다. 이렇게 하면 설마를 찾아와 밥을 먹는 회원들이 함께 기부를 한 것과 마찬가지라는 게 그의 설명이다.

설마가 카페 운영을 하면서 바라는 것은 'Happy Together'다. 다 같이 행복해지자는 것이다. 그는 실적이 남들보다 뛰어난 사람들보다 소소하게 꾸준히 경매를 하고 있는 '일반 사람들'의 이야기가 사람들에게 전해지는 것을 원했다. 이를 통해 경매가 특별한 사람들의 이야기가 아니라, 평범한 우리들의 이야기라는 것을 말해주고 싶었기 때문이다.

"경매라는 루트를 통해 '로또처럼 대박을 내보자'보다, 삶의 희망을 찾았으면 좋겠다는 생각을 했어요. 다 같이 웃으면서 행복해 질 수 있는 그런 걸 꿈꾸는 거죠."

설마는 경매를 통해 참 많은 것을 얻었다. 돈도 얻고, 그로 인한 가족들의 평안한 안위도 얻었다. 또한 '소중한 사람들'도 많이 생겼다. 신기하게도 사람들과 즐겁게 어울려서 경매를 했을 뿐인데, 돈은 저절로 따라왔다. 그는 자신의 경험상 경매야 말로 가족이 행복하고, 회원들도 행복하고, 회원들의 가족들까지 모두 행복해질 수 있는 방법이라고 확신했다.

"현재를 어떤 방법으로 재미있게 살까 고민하다보면 긍정적인 방향으로 흘러가는 것 같아요. 제가 카페를 처음 시작할 때는 회원수가 1만5천 명이 될 거라고는 상상도 못했거든요. 늘 최선을 다해서 가장 좋은 방향으로 생각했더니 지금까지 온 것 같아요. 앞으로 무슨 일이 일어날지 알 수는 없지만, '다 같이 행복하자'라는 목표를 가지고 재미있고 신나게 달리다보면 더 좋은 결과가 있을 거라고 믿어요."

마지막으로 그는 '이제 경매도 한물갔다'는 일각의 평에 대해 "경매는 부동산 호황이나 불황에 상관없이 늘 가능한 재테크다."라고 말한다. 경기의 호황이나 불황에 상관없이 경매는 현 시장의 시세를 반영해서 입찰가와 매매가가 결정되기 때문이다. 시장이 나쁘면 그만큼 낙찰 가격도 낮아지고, 매매가도 낮아진다. 결국 '경매를 통해 수익을 얻는다'는 이치는 똑같아 진다. 때문에 그는 경매를 잘하기 위해서는 시대를 탓하기 전에, 포기하지 말고 꾸준히 경매를 하는 것이 바람직하다고 조언했다.

"경매를 통해 대박을 바라지 마세요. 생활 속에서 꾸준히 해보세요. 10년 후에 내 친구들 보다 부자로 살겠다는 것을 목표로 삼으세요. 저도 힘들고 어려울 때 경매를 통해 '삶의 희망'을 봤거든요. 사람들에게도 꼭 그 말을 해주고 싶어요. 누구에게나 희망은 있습니다!"

## 막간막 幕間幕

### ★입찰_서울북부지방법원 _by 雪馬(설마)

실전팀 멤버들과 함께 그동안 배웠던 경매 지식을 바탕으로 오늘 서울북부지방법원에 입찰을 왔다.

서울북부지방법원 근처 카페에 모여서 입찰서를 작성하고 틀린 부분이 없나 서로들 확인해주고, 입찰하고 기다리는 동안 심심하지 않게 모여서 수다도 떨고…^^

이날 YTN에서 입찰을 동행했다.
사진은 〈Home336〉의 카페지기인 설마의 법원에서의 경매에 대해 인터뷰하는 중이다.

# ★스터디에서 실전팀(14-2기)까지 장장 석 달간의 여정 _by 雪馬(설마)

2014년 1월 초에 스터디로 시작해서 3월 말 실전팀 종강까지 장장 석 달간의 여정이다.

실전팀의 수업 장면이다. 그날 임장할 물건의 권리에 대해 분석하고, 검토하고, 토론하면서 꼼꼼히 챙긴다.

이론 수업과 물건 분석을 마치면, 현장으로 출동을 한다. 답답한 강의실을 벗어나서 현장으로 나가는 현장 실습이다. 마치 소풍가는 것 같은 기분도 든다. ㅎㅎ.

임장 현장에서 요모조모 물건을 살펴본다. 인터넷이나 서류로는 알 수 없는 것들을 직접 발품을 팔면서 파악해 보는 것이다. 이런 과정을 거쳐서, 물건을 분석하는 요령과 절차를 하나씩 체득해 간다.

신림동 고시촌에 방 30개짜리 원룸 건물을 보러 갔을 때 사진이다. 수익형 물건인 원룸 건물은 어떻게 접근하는지에 대해 투자 방법론을 배웠던 날이다. 임장 후 근처 커피숍에 모여서 토론을 한다. 오늘 보고 온 물건에 대해서다. 각자의 의견을 나누고, 서로의 생각을 듣다보면, 내가 미처 보지 못했던 사실을 파악하게 된다.

**막간막**
**幕間幕**

임장이라는 것이 체력적으로 많이 힘이 든다. 그래서 저녁때가 되면 배가 무지 고프다. 힘든 하루 일과를 마무리 하면서, 또 내일의 새 힘을 비축해야 하니까. 저녁은 맛있는 메뉴로 잘 먹어야 한다. 이날의 메뉴는 건강식인 보리된장 비빔밥이었다.

### 이렇게 실전팀 5주 과정을 마치면 드디어 종강을 한다

종강하는 날에는 그동안 익힌 임장의 요령과 물건 분석 절차에 따라서 각자가 관심이 있는 물건을 여러 멤버들 앞에서 브리핑을 한다.

전문가처럼 지도를 짚어가며 동네에 대한 설명을 한다.

그동안 조사한 물건에 대한 설명을 하고, 궁금한 사항들은 질문하고, 답변하고, 토론을 한다.

### 수업이 끝나면 종강 파티로 이어진다

그동안 고생들을 시원한 맥주 한 잔과 함께 저 멀리 날려 버린다. 가끔 선배 기수가 참석하여 그동안 쌓은 노하우를 아낌없이 풀어놓는다. 그동안의 전통이 실전팀은 종강을 하고 나면, 꼭 기수별 엠티를 갔다. 그래서 날짜와 장소를 의논하여 결정한다. 이렇게 하면 실전팀 5주 과정이 끝난다.

#### 건이아빠
시작할 때는 과연 내가 할 수 있을까 했는데, '설마샘'의 깔끔하고 명쾌하게 정리해주시는 강의와 실제 어떻게 접근하면 되는 지에 대한 실전적인 수업 그리고 우리 동기님, 선배님, 설마샘 등 같이 하는 분들이 계셔 마음 든든하게 경매에 뛰어들 수 있는 힘이 생겼습니다.

#### 몽이
소액임차님 말대로 생각보다 길었던 거 같네요. 친구인 바오롱도 길게 느껴진다며 공식적인 수업은 끝이 났지만 지금처럼 비공식 수업(청강)도 열심히 들으랍니다. 이젠 진짜 실전입니다. 파이팅 하시고 14-2기의 저력을 보여줍시닷! ♥♥♥

### ♡깡님♡

처음 시작하기 전 마음먹기가 많이 힘들었어요. 거동이 어려운 노모를 모시고 살면서 과연 내가 좋아하는 부동산 관련 공부를 끝까지 마칠 수 가 있을까?! 도중에 만약 뭔 일이 생기면 하차를 해야 한다는 그런 생각 땜에… 하지만 몇 차례 돌발적인 일이 발생했지만 이렇게 종강을 마치고 이 글을 읽는 순간 마음이 먹먹해지는 뭉클한 감동을 받게 되네요. 그동안 우리 실전팀 멤버들 저에게 많은 힘과 용기를 불어 넣어주심 대단히 고맙고 진심으로 감사의 말씀드립니다. 계속되는 실전에서 어려움이 있겠지만 열심히 도전해 보겠습니다. 끊임없이 지원해주시는 설마님!! 앞으로도 영원히 지도편달 부탁드리며 고생 많았습니다. 파이팅!!

### 후지스키

정말 눈 깜짝할 사이에 종강이 다가왔었습니다. 우리 멤버 분들의 열정에 또 한 번 놀라고 많은 것을 배웠습니다. 종강은 아쉽지만 이번 MT에서 다시 한 번 똘똘이 뭉쳐서 서로의 힘이 되어 줄 수 있는 계기가 되리라 기대됩니다.

### 아미루스

지금까지는 수동적이었다면 이제는 홀로서기를 위해 좀 더 아니 아주 많이 능동적으로 임하려 합니다. 우리 기수 지금 피어나는 목련만큼 화려하고 커다란 수확이 있길 바랍니다.

# ★실전팀 13-7기의 빌라 임장 _by 雪馬(설마)

실전팀의 빌라 수업할 때는 예전 멤버들도 청강을 듣기 위해 많이 온다. 내용 자체가 어렵기도 하고, 듣다 보면 재밌는 얘기들도 많다.

### 빌라란 무엇인가

물건 분석을 하는 요령과 빌라에 대해 이해하려면, 저 큰 칠판을 두세 번은 지웠다 썼다 해야 한다. 할 얘기가 많거든 …ㅎㅎ. 클로즈업 한번 해 봤다.

### 물건 분석하기

실제 경매 나온 물건을 놓고, 분석을 하고 있다.

### 지역 분석하는 요령

빌라를 파악하려면, 어떻게 해야 하는지, 실제 동네 지도를 놓고, 도상훈련(?)을 하고 있다.

### 열공 또 열공

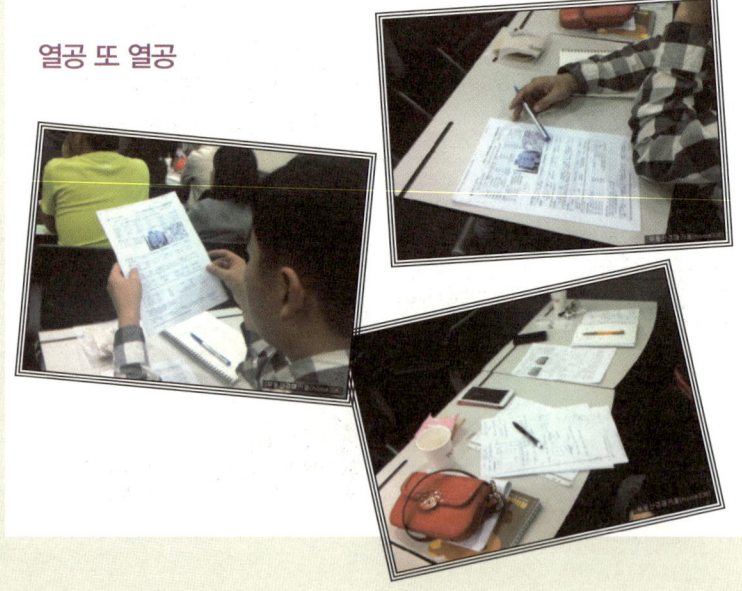

오늘 임장을 갈 물건을 프린트하고, 설명을 들으면서 물건을 꼼꼼히 들여다본다. 또 오늘 수업 내용을 열심히 필기해 둔다. 나중에 꼭 복습해야 하니까.

수업이 끝나면, 배가 출출하다. 밥을 맛있게 먹어야 한다.

### 현장으로 출동

강의실에서 이론으로 들은 내용을 현장에서 직접 실물을 보면서 체험한다. 아, 이렇게 생겼구나, 이건 몇 년식이구나. 또 주변 환경은 어떻구나. 현장 물건 앞에서 열심히 설명하는 '댓바람님'^^ 또 다른 물건지로 이동….

어스름 해는 지고 서너 건 임장하는 동안 다리는 아파오고 이제 집에 갈 시간이다. 그러나 아직 집에 가기는 이르다. 오늘 임장했던 내용을 총평해야 하거든. 움직이는 차 안에서도 토론을 하고 저녁 식사 자리에서도 토론을 한다.

- **매직아이**
아… 요런 것이 실전팀이네요. 전 마냥 신기방기ㅋㅋ

- **빅마마**
전 등산다녀 온 거랑 똑같은 후유증 앓고 있네요. 다리에 알이 꽉꽉 찼어요.ㅠㅠ

# ★실전팀 13-8기의 첫날 수업 _by 雪馬(설마)

실전팀 13-8기의 첫날 수업이 있었다.

모닝 커피와 함께 수업을 시작한다.

### 오늘을 실전팀 첫날

댓바람님의 강의에 집중하고 있다. 수업 내용은 앞마당의 정의와 앞마당을 얼마만큼 파야 하나 그리고 아파트 투자법, 입찰가 산정 방법을 배운다.

집중 또 집중해서 듣는 멤버들이다.

오전 수업이 끝나고 점심 식사는 맛있게, 든든하게 먹어야 오후 임장을 힘차게 할 수 있다.

### 현장에서

물건과 정보지의 내역을 비교 검토하고 있다.

현장 상황을 설명하는 댓바람 님… 방향과 층과 동간의 선호도를 파악하는 요령에 대해 설명을 하고 있다.

· 두바리

저 자리에 있었어야 했는데, 아쉽네요. 다음에 수업 다시 듣겠습니다.

· 놀란토끼당

열심히 사시는 모습이 부럽습니다.

## ★14-3기 직장인을 위한 주말반 _by 雪馬(설마)

기초반과 실전팀을 마치면 3개월이 소요된다. 생각해보면 긴 시간인데, 막상 지나고 나면, 한순간이다.

마지막 수업은 그동안 갈고 닦은 실력을 멤버들 앞에서 펼쳐 보이는 앞마당 브리핑 시간이다. 어느 틈엔가 다들 앞마당 전문가들이 되어있다.

- **happy money**

3개월이라는 시간이 정말 후~딱 지나갔습니다. 그 사이 부동산을 보는 눈이 조금은 달라져 있는 저를 확인하고요.

- **소주한잔**

브리핑하시는 사진보니 전부다 엄청난 전문가들 같아요.

## ★물방울… 그 두 달간의 짧은 여정 _by 아미루스

4월의 마지막 주 첫 모임… 실전 수업이 끝난 한 달 후에 그저 두세 명 모이겠지. 이런 예상을 너무도 당황스럽게 만들어 버리고 17명이 참석했다. 수업이 끝난 후 한 달의 기간이 외롭고 답답했던 게 비단 나뿐만 아니구나 하는 암묵적인 표정들이었다. 기대와 걱정으로 어색하고도 반가운 상기된 얼굴들은 무엇이 부족한지 아니면 뭐부터 해야 할지 몰랐던 당황스러움이었다.

실전 수업을 마치고 한 달이라는 짧은 기간 동안 계속되는 패찰의 좌절을 맛보면서 하면 될 것만 같은데, 쉬워보였던 낙찰의 꿈은 어느새 아득해 지고 대신 내 무지가 얼마나 무모했고 무서운 결과를 가져 올 것인가를 깨달을 때 즈음이었다. 처음의 돈키호테 같은 모습으로 패기 있게 출정했던 모습은 단 한 달 만에 패잔병 같은 모습으로 그렇게 만났다.

그리고 두 달간의 폭풍과도 같았던 시간들을 위로와 축하, 격려와 애정 어린 질책들 물방울만한 작은 지식들 하나하나 모여 온몸을 흠뻑 적시자는 이젠 무지의 두려움을 알기에 오로지 낙찰만 바라보던 처음의 그것이 패기가 아닌 오만이었음을 알기에 그저 보증금만이라도 지킬 수 있는 지식만이라도 쌓아 가자는 그렇게 만났던 그들이 오늘 여기 모여 있습니다.

17명의 팀원들, 두 달간에 헤아릴 수도, 세기도 힘겨운 패찰 기록들 그리고 19번의 낙찰!! 우리에게 쥐어진 19채의 집과 운영 자금 50억, 오늘은 잔치를 하려합니다. 낙찰 몇 개 받았다고 오만함으로 축배를 드는 건 결코 아닙니다. 그저 다만 한 명의 낙오도 없이 잘 견뎌줬다고 이제는 낙찰이 비로소 시작임을 알기에 서로에게 밥 한 끼 배불리 먹이고 내일 전력 질주를 위한 출발선에 바로 세워주기 위해서다. 이젠 일상이 되어버린 패찰의 고단함을 잠시만 쉬어가자고 오늘은 잔치를 합니다. 개개인의 사사로운 목적을 위해 모인 집단이 어느새 서로를 부축하며 말하고 있습니다.

'함께 가자' '같이 가자' '멀리 가자' '오래 가자'

한 방울 한 방울이 온몸을 적시고 끊임없는 도전이 바위를 뚫어서 그 작은 줄기 줄기가 넓고 푸르른 강을 만날 때까지 아름다운 물방울 팀원들…

깡님, 샘쿠님, 샘쥬님, 부자님, 조은님, 민환님, 팡세님, 빌라한동님, 건이아빠님, 신의한수님, 스카이336님, 몽이님, 에쓰알씨님, 아쿠아님, 해피머니님, 알리샤님 그리고 저 아미루스 한 방울 한 방울에게 건투의 축배를 보냅니다.

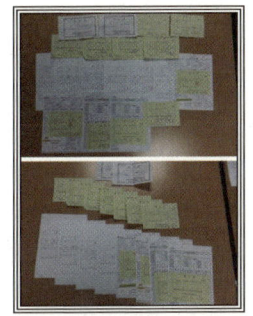

우리의 영원한 사부님이신 설마님, 자기 것을 아까워하지 않는 사실상 실전 선생님이신 소액임차님, 앞으로도 지금처럼만 그 말로 그 큰 고마움을 대신합니다.

- 아미루스

깡님이 만들어 주신 출석부 함 불러보죠.
01 = 아미루스 회장님, 늘 애써 주셔서 고마울 따름임다. ㅎㅎ
02 = 건이아빠님, 평택에서도 결석 한 번 안하고 출석률 100% 앞으로도 쭉 롱~런해요.
03 = 샘쿠님, 요즘 엄청난 적극적인 샘쿠님 설명 잘해주셔서 고마워여…
04 = 샘쥬님, 아이들 갈키느라 고생이 많죠?! 그래도 즐거워 보여요. ㅎㅎ
05 = 에쓰알씨님, 인테리어 잘하시고 비법 좀 알랴주세여. ㅋㅋ
06 = 스카이336님, 살좀 찌셔야겠어요. 넘 날씬이셔용. ㅎㅎ
07 = 몽이님, 천천히 서두러지 말고 릴렉스…? 귀담아 듣고 있어요. ㅎㅎ
08 = 팡세님, 빌라 수익이 엄청 좋다는 소문이… 좋으시겠어요.
09 = 빌라한동님, 학교 선생님 같으세요. 골드 미스쌤. ㅋㅋ멋지세요.
10 = 알리샤님, 외유내강형맞지요? 회장님도 벌벌 떠신다든데. 이크. ㅋㅋ비법 전수하셔야겠어요. ㅎㅎ

11＝신의한수님, 멀리 평택에서 오시는 총각님.ㅋㅋㅋ멋쟁이…
12＝부자님, 자상하신 분 맞죠? 조은님은 참 조으시겠어요. 부러워요.
13＝조은님, 조은님 옆에 앉기만 해도 조은일 많이 생긴다능 전설이…ㅋㅋ쿨럭
14＝민환님, 멋져요!! 굵직한 안경테가 한몫하죠~잉.
15＝아쿠아님, 엄청시리 동안이세요, 아들래미가 그리 큰줄은… 깜놀ㅎㅎ
16＝해피머니님, 예쁜 여동생같아요. 멀리서 다니느라 고생이 많죠. 하지만 10년 후를 보신다면 아마도 친구들과는 비교가 안 되겠죠. 삶이 윤택해져서리… 그날을 위하여? 돌격ㅎㅎㅎ 그리고
17＝깡님은 제가 여장부 카리스마로 말들 하지만 홍대를 좋아하는 수줍은 소녀!

· 유닉
그 마음 모두 담아 물방울 2기에게 많은 걸 알려주셔서 감사합니다. 계속되는 성투기원드려요 ^^*

## ★하려다 말고 하려다 말고 드디어 시작한 경매 공부 _by 녹야

　경매를 시작하려다 맘만 먹고 또 하려다 학원에 한 번, 두 번 나가다 왠지 나하고는 거리감이 느껴지기만 해서 미뤄왔던 경매입니다. 누가 하라고 하지 않고 누가 그만두라지 않는 자유로운 선택이 오히려 더 힘들게 했습니다. 하고 싶은 맘만 품은 그 세월이 어느새 여러 해가 지났습니다.
　경매 모임 사이트를 몇 번이나 밤을 새고 '서치'하다가 나 스스로가 포기하지 않고 소수 모임이기에 더욱 정겹게 자연스러운 결속력이 있을 거 같은 '여기서 배워봐야겠다'라는 생각이 들어 항상 꼭 가봐야지

맘에 새겼던 〈336카페〉 참으로 마음만 먹었지 이상스레 시작이 잘 안 되던 맘의 테이프를 올해는 과감히 끊고 홀로하면 쉽게 포기할 거 같아 꼭 하고 싶은 맘에 왕언니와 함께 2012년 2기 강의에 드디어 참석했답니다.

역시 카페를 잘 선택했고 소수로 제한하기에 출발이 굉장히 정겨웠고, 믿음이 가고, 포인트가 명확한 어려운 강의가 아닌 핵심적인 경매에 대한 내용을 적합하면서 그전에 모든 부분이 거리감만 느껴졌던 경매가 설마님의 강의는 경매를 바로 '나도 할 수 있다'라는 쉽게 다가오게 한 포인트가 명확한 강의였어요.

나머지는 충분히 스스로 동기부여 받을 수 있는 '경매가 참 재미있네'라는 서론은 나의 동기이고, 결론은 내가 만드는 것인데, 본론이 토실토실 엑기스만 있는 다음 강의가 기대되는 숙제도 열심히 하고픈 그래서 후기도 하루를 정리하면서 이렇게 열심히 적고 있답니다.

스터디 참여 전까지 만해도 어려울까 걱정되었던 마음이 지금은 많은 사람이 해도 경매와 나는 거리감이 있던 마음이 사그리 사라졌음이 신기하고 너무 좋아서 오늘의 스터디 모임에서 설마님 말씀 중 마음에 새긴 말은 경매는 포기하지 말고 끝까지 낙찰이 목적이 아닌 맘으로 천천히 은근 정말 하고픈 거에의 끈질김의 근성을 내 맘에 발동을 걸어준 결과를 맺을 수 있는 또 새로운 목표에 달려갈 수 있는 머니파이프의 꿈을 꿨어도 힘들다 생각할 때가 많았는데 한번은 해볼만 하다는 꿈을 다시 그려볼 수 있는 하루였답니다.

- 雪馬(설마)

하려다 말고, 하려다 말고…
망설이다 시작한 경매 수업… 이번 기회에 제대로 함 해보시자구요.^^

## ★ 강의쇼크 _by new motive

　오늘 〈336카페〉에서 경매 강의를 들었습니다. 한마디로 표현하자면 오일쇼크(?)가 아닌 강의쇼크였습니다. 유명하다는 타 카페에서 경매 강의를 들어본 경험이 있습니다. 어려운 용어에 수업이 지루하고 따분하였습니다. 그렇지만 설마님 강의는 한마디로 쇼크였습니다. 어려운 용어는 알 필요가 없습니다. 모르면 넘어가도 됩니다. 여러분들이 알고 계시는 것이 그것입니다. 설명들이 귀에 쏙쏙 들어왔고 2시간의 시간이 금방 지나가버렸습니다. 또 한 가지는 부부라는 특혜(?)로 한사람 수강료로 부부가 같이 강의도 듣고 있습니다. 다른 곳은 이런 특혜 절대 불가합니다. 설마님과의 좋은 인연으로 경제적 자유를 얻는 밑거름이 될 수 있도록 2014년 남은 한해 열심히 해보렵니다.

· **바이올린**
〈Home336〉의 설마님 같은 강의는 그 어디에도 없죠. 저도 첫 수업 날 충격 먹었던 기억나네요. 열공하셔요. 파이팅~~

· **이찬희**
강의쇼크 ㅋ 맞는 말인 것 같아요. 저도 유튜브에서 동영상 강의 샘플 들어볼라치면 용어 땜에 엄청 머리 아프던데, 설마님 강의 후후~ 완전 필요한 것만 딱딱!

## ★등기부등본 한번 본적 없는 여자 _by 화랑이

　스터디를 신청하고 터질 것 같은 가슴을 부여잡으며, 오늘 첫 수업을 듣고 왔습니다. 결론은 정말 진짜로 진짜로 잘 왔다!
　스터디 전에 경매 관련 책을 두어 권을 읽고 카페 글도 보고 대충 이런 건가? 무슨 소리인지 용어도 낯설고 어려웠는데 무더위를 잊을 정도의 시원한 강의실에서 이해하기 쉽고 그래서 2시간이 어떻게 간지 모를 설마님의 강의에 감탄하고 돌아왔네요. 남은 4주 동안도 제게 더 큰 감탄을 안겨주실 거라 믿어 의심치 않습니다. 거기다가 맛있는 점심 식사와 시원한 커피까지~ 설마님 짱!!!
　그리고 너무나도 친절하신 동기분들까지 만나 뵙게 되어 정말 좋은 시간이었어요. 모두들 같은 목적을 갖고 사모님(?)이란 공통점이 있어서였는지 금방 친해진 기분까지 들었네요. 부동산계약 한번 한 적도 없고, 오늘 설마님께서 "등기부등본을 한번도 본적이 없는 분?"이란 질문에 쑥스럽게 손을 들 수밖에 없었던 제가 경매를 공부하겠다고 〈336카페〉에 가입하고 그리고 오늘 스터디를 시작하기까지 저는 정말 운이 좋은 사람인가봅니다.

## ★친언니의 권유로 _by 십년후에

　휴가로 떠난 강릉에서 새벽 5시에 출발하여 3시간 내리 운전(남편보다 제가 베스트 드라이버인지라ㅋㅋ)하고 또 엄마바보인 3살, 5살 아들 둘을 처음으로 남편에게 맡겨놓고, 나서는 발걸음은 무거웠지만 스터디 룸으로 전 피곤함도 잊은 채 열심히 달려갔습니다.

　드디어 수업이 시작됐다. 역시 수업은 두말 할 필요도 없이 정말 굿! 굿!굿! 이었습니다. 설마님의 재미있고, 귀에 쏙쏙 들어오는 설명으로 책으로만 보던 내용들을 조금 더 쉽게 이해할 수 있었습니다. 저를 이 카페로 인도해 준 친언니가 늘 "너도 책만 보지 말고 강의 한번 들어보면 훨씬 좋을 텐데… 아깝다."했었는데 비록 처음으로 참여한 수업이었지만 정말 그 이유가 뭔지 알 수가 있었습니다. 육아와 회사 생활이 힘들다는 핑계로 무언가를 시작하는 걸 두려워하고 주저하고 시간만 보내고 있던 제가 이렇게 경매에 빠져 밤새 책을 보고, 강의를 들으러 다니는 모습이 살짝 낯설기도 하지만 십년 후, 새로운 저의 모습을 꿈꾸며 남은 4주도 열심히 공부하겠습니다.

　◇수업 후 점심 식사에 정말 참여하고 싶었는데 너무 아쉬워요ㅜㅜㅜ 아이들 우는 전화만 받지 않았어도 그냥 끝까지 함께 하였을 텐데…
　◇맘이 급해서 민환님과 초록하늘님께 악수 해달라고 말도 못하고 왔네요. 좋은 기운을 팍팍 받았어야 하는데 ㅎㅎ 담에 뵈면 악수 한번 해주세용^^

• 굿쵸이스~!(수수향)

제가 스터디에 제일 연장자가 아닐까 싶은데… 전 여러분들이 부럽네요. 하루라도 빨리 재테크와 수익을 얻어 보려고 준비하는 모습이 너무 부러웠고, 아름다웠어요. 맏언니로써 분발을 해야겠다는 생각이 드네요.^^*

• 화랑이

저도 현실의 벽 때문이라며 주저하고 망설이고 보낸 시간들이 수업하고 집에 돌아오면서 무언지 모를 공허함. 제 스스로가 한심… 답답… 이런 심정이었어요.

## ★어느 카페에서 활동할 것인가? _by 바람돌이소닉

　저는 돌아가신 아버지의 빚을 아버지 집과 땅에 자식들 삼형제가 돈을 보태어 모두 청산하고 어머니는 시골에 10년 이상 방치된 빈집을 수리해서 들어가 사는 형편입니다. 겨우 29세에 졸업하여 직장 생활을 시작했고, 33세에 결혼을 하고 1년이 지난 지금 아내의 태중에는 '도담'이라는 태명을 가진 아이가 있습니다.

　원룸 보증금 5000만 원 중 1000만 원은 제 돈으로, 80% 대출을 끼고 시작한 결혼 생활입니다. 직장을 다니며 몇 년간 모은 돈 3500만 원은 아내와 저의 빚과 결혼 자금으로 사용을 하고요.

　그 이후 매달 330만 원을 저축하면서 학자금도 갚고, 스파크 할부금도 갚고, 현재 수중에 남은 건 2000만 원이네요.(이제 이런 저축은 불가능해요. 아이 출산 이후 맞벌이에서 외벌이로 그리고 아내는 우리 아이를 기를 예정이니까요.) 손자를 길러주실 저희 양가 부모님도 상황이 안 되고, 돈은 없지만 아이만큼은 엄마 손에 자라게 하고 싶어서요.

원룸에 살 때 가지고 있던 1000만 원과 2000만 원을 합해 좁디좁은 원룸에서 투룸으로 이사를 가려고 합니다. 허걱! 전세 1억. 월세와 전세를 비교해 봤을 때 그래도 전세가 이자를 덜 내니 가진 건 없지만 전세로 들어가 살기로 하고, 준공 중인 건물에 계약을 한 상태입니다. 당연 7000만 원은 대출을 받아야겠지요. 이사를 준비하며, 7000만 원 대출받은 것은 매달 몇 만 원씩이라도 갚으면 언젠가는 갚지 않겠나 싶어 이제 외벌이 이지만 긍정적으로 생각하고 있었습니다.

그런데 계약만료 전 이사를 나가는 입장이지만 현 집주인이 아무 때나 나가더라도 보증금을 돌려주고 자기는 전세에서 월세로 돌릴 거다 해서 이사 날짜를 잡고 투룸도 방이 없어서 부랴부랴 건축 중인 건물로 계약을 하였습니다. 막상 다음 달에 이사를 가려니 현 집주인은 안 된다 그리고 새로 들어갈 집주인은 원룸 보증금 받은 돈을 다 주고 자기 건물에 들어오라고 하네요.(등기부등본도 나와 있지 않고, 10억짜리 건물에 4억 저당인데 등기가 최종 되지도 않은 건물에 들어갈 수야 없죠.) 계약서에도 분명 먼저 이사를 가고 전세자금 대출해서 드린다고 했는데 말이죠.

아무튼 안 된다고 했더니 저만 경우 없는 놈이 되었고 현 집주인도 안 된다고 하니 나보고 어쩌라는 건지, 근데 지금까지 여러 상황이 있었지만 그래도 잘 왔는데 갑자기 서글퍼지는 겁니다.

집이 없으니 요즘 말하는 '갑과 을' 중 난 철저하게 '을'이 되었구나 라는 생각이 들었습니다. 눈치만 보고 죄송해 하고 집주인이 마음을 바꿔도 내 계획이 아닌 집주인의 계획에 따라야 하고 녹음도 다 해놨지만 따지지도 못합니다. 내 집이 없으면 결국 2년 뒤에도 또 2년 뒤에도 이렇게 되겠구나라는 생각과 함께 내가 어떻게 극복할 수 있을까라고 고민하던 찰라 한 번도 관심이 없었던 어렵고 나랑 동떨어진 거라고 생각해서 관심조차 가지지 않았던 부동산 공매와 경매가 머리를 스치고 지나갔습니다. 네이버를 검색하고 그러다가 설마님의 영상을 보게 되면서 여기까지 왔네요.

경매를 알게 되면서 며칠 지나지 않았지만, 수많은 카페가 있고 엄청난 회원이 있는 카페 그리고 회비가 비싼 카페, 또 특강을 자주하는 카페, 1년에 한두 번만 실전반을 여는 등 여러 카페에 가입을 해서 눈팅도 하고 인사도 하고 그랬습니다. 고민이 되었습니다.

이번 달은 아이 출산 관계로 듣지 못하지만 9월부터는 기초반과 실전반을 듣고 싶은데 어떤 스터디를 어떤 분들과 함께 해야 하는가에 대한 고민이 있었습니다. 내 자신의 태도나 준비도 중요하지만 어떤 사람들과 하는 것도 중요하니까요.(여기서는 물방울이라고 하더군요.)

설마님의 초보 글을 읽으면서. 나랑 같은 시절이 있었구나를 느꼈고 희망을 보게 됐네요. 여러 회원들의 스터디 모습이나 글들을 보면서 함께 함이 힘이 되겠구나를 느낄 수 있었습니다. 가족 같은 카페라고 하시더라고요. 정말 그럴까 했는데 혹시 그렇지 못하더라도 그런 카페가 되도록… 청강은 말도 안 되게 부부는 한 명 무료! 다른 곳처럼 강의료만 받아 챙기려고 하는 분은 아니구나. 정말 좋은 뜻으로 하는 분이구나를 알게 됐어요.

이 글을 쓰는 이유는 방금 설마님의 초보시절 글 읽다가 '고3학생 집과의 경매 이야기'를 읽고서 마음의 잔잔함이 있어 글을 올립니다. 조급함은 있고, 종자돈은 전혀 없고(설마님도 그러셨더라고요. 꾸벅꾸벅) 경매 또한 지금은 책으로 보고 개념을 이해하려고 하는 순초보이고, 카페에 글들로 조금씩 개념이라도 이해하려고 하고 있지만, 9월 강의부터는 함께 하고 싶습니다. 감사해요! 좋은 카페, 좋으신 분 인 거 같아서 마음 따뜻해집니다.^^

## ★ 젊은 친구들 부럽지만
## 나도 아직 늦지 않았다구요 _by 성초

　스터디 후기라고 할 것까진 아니고 〈Home336〉을 찾게 된 너스레나 떨까 합니다. 버는 것도 중요하지만 재테크가 정말 중요하다는 것을 절실히 느끼고 있는 사람 중에 한 명입니다. 이제 나이도 있고 그동안 많이 번 것 같은데 남아 있는 게 없더라구요. 그렇다고 사치하면서 살았던 것도 아닌데 결론은 열심히 살아왔으나, 효율적으로 자금 굴리는 방법을 몰랐다는 겁니다.
　일단 재테크 방법을 알아야겠다고 생각하여 이곳저곳 웹 방문해 봤는데 너무 막연하고 감이 없는 겁니다. 그래서 그동안 막연하게 알았던 경매 공부부터 시작해야겠다고 생각했습니다.
　부동산에 관한 경매 강의에 관해 찾아봐도 마땅한 게 없더라구요. 그래도 〈홈336〉이 왠지 끌렸어요. 뭔가 '필'이랄까? 그래서 경매 스터디 공지를 기다렸죠?
　강의실 첫 방문의 느낌은 아, 젊은 친구들 역시 대단해-였어요. 30대 친구들이 많이 보였고 배우고자 하는 열의도 대단했구요. 그들이 부럽습니다. 젊음이! 가능성이! 저도 늦었다 생각 안하고 잘해 볼게요. 많이 응원해 주시고 가르쳐 주세요.
　아참, 설마님 강의! 참 좋았어요. 자칫 지루할 수 있는 경매 강의를 딱 필요한 엑기스를 모두 가르쳐 주시더군요.
　강의해 본 사람은 압니다.
　설마님 명강사라는 걸!!!!!!

제 인생의 좋은 경매 멘토를 얻어가는 느낌이 들어 행복했습니다.

## ★부루니의 경매 강의 촌평 _by 부루니

어디까지나 저(부루니)의 주관적인 견해 및 취향에 의한 글이니 이해해 주시기 바랍니다.

### 1 경매스타 강의

2005년인가? 지인의 추천으로 '경매카페 경매스타님' 강의를 신청해서 수강하였으나 세 번인가 듣고 말았던 경험이 있습니다. 그때만 해도 경매라는 건 조폭들이 하거나 절망적인 사람들만 하는 게 경매라고 알고 있었는데, 너무 멀쩡한(?) 지인이 경매로 집을 샀다며, 경매스타님 강의를 알려줘서 경매를 가르쳐 주는 동호회라는 게 있다는 걸 처음 알았습니다. 경매스타님 강의는 집중하기가 어렵고 개인적 얘기를 너무 많이 하고 종교 얘기가 많이 나왔던 걸로 기억합니다. 왜냐면 제가 '종교색', '정치색'을 드러내는 건 질색을 하거든요. 경매에 대해서 아는 것 하나 없는데, 당시 배당에 대한 강의를 듣다가 짜증이 매우 났던 기억이 나네요. '아웅 도대체 뭐라는 거야!' 이러면서….

아무튼 그때 '경매란 나랑 맞지 않는구나…'라며 관심을 전혀 두지 않았습니다.

2011년 말, 회사를 옮기면서 여유 시간이 생겼습니다. 책을 읽어야겠다고 싶어 많은 책을 주문해놓고 읽었는데요. 그중 경매에 관련된 책이 있었던 것 같습니다. 그러면서 슬슬 다시 관심이 가기 시작했습니다. 그리고 집에 대한 욕구도 한몫했고요.

경매를 비롯하여 부동산에 관련된 책을 여러 권 주문해서 읽습니다. 그러다 새 직장에 출근하면서 한동안은 책을 읽지 못했습니다. 회사에 적응이 되면서 다시 책을 읽기 시작했습니다. 서점에서도 경매 관련 책을 닥치는 대로 읽습니다. 그중 ㅇㅇㅇ님의 책 앞쪽에 네이버 카페 동호회를 알게 되어 동호회에 가입하게 됩니다. (그 책 사지 않았어요.)

### 2 ㅇㅇㅇ경매동호회

ㅇㅇㅇ님의 네이버 카페에 가입, 마침 초급 강의라는 게 열려 신청해서 들었습니다. (그분의 제자들이 하는 강의) 제 기억에 아직 추웠던 걸로 기억이 나는데, 아마 2~3월경이네요. 곧바로 개설된 중급 강의도 들었습니다. 그러나 여전히 경매가 뭔지 모르겠고 뭣해야 할지 모르겠고… 그 와중에 강의를 들었던 사람들 사이에서 기수 스터디를 하자해서 동참, 모여서 공부를 하기로 하는데, 배당 관련해서 연습문제 100개 넘게 풀자는데 이건 아니다 싶어서 스터디는 평~

어설프게 배우다 말아서 어쩐다지… 그러다 알게 된 『3천만 원으로 22채 만든 생생 경매 성공기』를 샀습니다. (정모에 참석해서 저자 사인도 받아 소장 중이지요.) 책에서 〈336카페〉를 알게 되어 가입신청, 정모+스터디+실전반을 연달아 고고!!

### 3 〈Home336〉 실전반

이미 초, 중급을 떼고 왔는데, 아직도 다세대와 다가구를 구분도 못하고, 다 썩은 집이 몇 억 원을 하는 것을 이해 못하는 상태였다. 그래도 알고 싶은 게 너무 많은 왕초보에게 '설마+댓바람' 두 분 조합 강의는 경매에 대한 관심에 불을 지르는데, 경매에 대해서 여전히 미궁

속을 헤매고 있는데 분명한 불빛을 비추셨다고 해야 할까. 딱 내 스타일이야 싶은 강의였어요.

제일 충격적이었던 건, '쉬운 것만 해라!'라는 알고 보면 너무 쉬운 말! 그런데 아무도 안 해주던 말이었다.

앞서 들었던 강의에서나 책에서는 유치권 등 어려운 사건, 강제집행으로 힘들게 내 보내는 영웅담, 문을 열었더니 시체가 있더라, 뭐 대략 이런 것으로 경매라는 게 힘들고, 어렵고, 더럽고, 이른바 3D로 노가다스러움을 부각시켜 경매를 접해볼까 하는 사람에게 두려움을 주었다면 〈Home336〉의 접근법은 경매는 깔끔하고 쉽게 할 수 있다는 인식과 재미를 주는 것 같습니다. 덕분에 경매에 대한 새로운 인식을 갖게 되었습니다.

### 4 다음카페 ㅇㅇㅇ 세법 강의

누군지 아시는 분은 아실 듯. 실전팀 강의 이후에 첫 낙찰을 받고 '이제 나도 양도세와 종합부동산에 대한 지식이 필요해'라며 강의를 신청했다. 마침 강남역 부근에서 강의가 개설되어 시간이 날 때 3회 참석하였습니다. 그런데 도시형 생활주택 및 인천X지역 빌라에 대한 분양을 주업으로 하는 분이라 그런 내용은 많이 거슬려서 강의 세 번 듣고 말았습니다.

### 5 ㅇㅇㅇ실전 경매

〈Home336〉에서 강의를 들으면서 다른 경매 동호회에 대해서도 알고 싶어 여기저기 가입해 놓았는데, ㅇㅇㅇ경매 강의 개설 메일이 마침 눈에 띄어 신청하게 되었습니다. 다른 선생님들은 어떻게 강의를

하실까 궁금하고 뭔가 새로운 걸 알게 되지 않을까싶고요. 매회 강의
는 'ㅇㅇㅇ님 이론 강의+다른 분들의 특강' 세트로 구성되어 있어 새
로운 시각을 알게 되는 재미가 있었습니다. ㅇㅇㅇ님은 강의하시면서
소리도 지르시고 흥분하시고 특히 종교봉사 얘기를 많이 하시는데, 이
미 앞에서 밝힌 데로 전 종교색 강한 건 질색이라, 사실 제가 딱 싫어
하는 강사 스타일입니다. 그러나 그분의 봉사, 나눔 정신은 존경하는
바입니다.

### 6 경매고수 & ㅇㅇㅇ강의

포털 다음의 유명한 부동산 투자자 경매고수님이 책을 내며 세법강
사 ㅇㅇㅇ 님과 합동강의를 열었는데, 경매고수님 강의는 포스에 비
해서는 말씀이 어눌하지만 그 내용은 매 순간 고개를 끄덕끄덕 하며
들었습니다. ㅇㅇㅇ님 강의는 이미 앞서 들었던 내용과 너무 똑같이
강의해서 30분 듣다가 나와 버렸네요.

지난 1년 동안 경매 및 부동산 관련해서 들었던 강의입니다. 그중
〈Home336〉 강의가 제일 좋았네요. 여기 게시판에 쓴다고 좋다고 하
는 건 아니고요.

# 2막

# 리얼 Real

가정주부부터 직장인까지 누구나 쉽게 경매법정을 드나드는 시대입니다. 그러나 경매를 시작해 2~3년 후에도 계속하는 사람은 5% 정도라고 합니다. 100명 중에 50명은 몇 번 떨어지면서 두세 달 만에 포기하고, 25명은 고가낙찰로 수익을 보지 못해 탈락합니다. 25명 정도가 수익의 단맛을 보지만, 그중에 2~3년 후에도 계속 경매법정에 모습을 나타내는 사람은 5~6명에 불과하다는 것입니다. 이 5% 성공 경매인들의 임장-견학-공부-패찰-또 패찰-입찰-낙찰-계고-강집-명도-매매 등등을 지면에 중계합니다.

**첫 낙찰**

# 내가 낙찰자다 _by 바이홈

　여느 때와 마찬가지로 패찰이 일상이라는 마음가짐으로 오늘도 설마-설마-설마 또 떨어졌겠지 했는데, 대리 입찰을 보낸 아내(세일홈)의 첫 낙찰 소식을 받았다. (지금까지 패찰 기록이 20회 넘었던 것 같다.)

　2건 입찰해서 낙찰된 28평 아파트는 2등과 300만 원 차이, 떨어진 건 1등과 150만 원 차이로 아쉬움이 많았다. 혹시나 하여 회사에서 폭풍 검색모드로 현재 시세, 매도 시 차익 등등 분석하면서 큰 수익은 아니지만 첫 경험으로는 의미가 충분했다.

　로열층에 전철역과 7~8분 도보 역세권으로 아파트 단지 옆 초등학교 등등 임장 때부터 마음에 쏙 들었다.

　낙찰된 당일 한 번 얼굴 비춰주고 명도 대상 세입자의 전화번호를 득하기 위해 회사 퇴근 후 낙찰한 아파트로 향했다.

　기대 반 걱정 반 여러 가지 생각을 하면서 도착했다.

　세입자 40대 후반의 아저씨가 문을 열었다. 정중히 들어가도 되겠냐고 물으니 허락했다. 선배들의 충고이다.

　"내가 낙찰자다 이번 달까지 비워 달라."

　강한 메시지만 명확하게 남기고 아파트를 나왔다.

　(세입자는 '이 일을 어떡하지… 어떡하지… 어떡하지…'만 반복

했고 별다른 말이 없으면서 어색한 침묵만 계속 흘렀다. 그래서 빨리 자리를 뜨는 게 좋을 것 같았다.)

이제 명도 상대의 전화번호를 알았으니 천천히 선배들의 조언 아래 명도와 매도를 시작한다.

#### Detox
축하 축하드립니다.
지난번 뵈었을 때도 계속 패찰, 하지만 꾸준히 패찰을 생활화하며 입찰하시는 모습 참 보기 좋아보였는데, 역시 꾸준함을 이기는 것은 세상에 아무것도 없나봅니다.^^ 낙찰 턱 내실 때 꼭 불러주세요.

#### 댓바람
바이홈-세일홈님은 경매 투자의 교과서입니다.
오랜 패찰을 이겨내셨으니 이제 순항을 하실 겁니다.
혹시 지쳐가는 분들 다들 파이팅!

## 나의 든든한 밥줄 _by 선형

2013년 8월에 경기도 양주 변두리의 20년 넘은 허름한 빌라, 귀신 나올 거 같던 빌라다. 그 빌라를 얼떨결에 받은 낙찰이다. 그 마무리에 대한 이야기를 해볼까 한다.

어제 가계약을 했다.

보증금 500/월세 30

어느 공장에서 직원들 숙소로 이용하겠단다.

부동산 사장님 왈

"월세 밀릴 일은 없어요."

지난 3개월에 걸친 첫 경매 경험이 아름답게 마무리되었음을 느꼈다.

물론 계약은 내일(수요일) 하지만 하여간 좋다.

그동안 시간의 흐름이다. 각 사건마다 하나하나 기록해 두었다.

○ 8월 6일 비오는 날 낙찰

○ 8월 13일 매각허가

○ 8월 20일 매각확정

○ 9월 17일 대금완납(소유권 이전)/인도명령 신청/채무자에게 내용증명 발송

○ 10월 8일 강제집행 계고

○ 10월 9일 명도(이사비용 20)

○ 10월 15일 공사 시작

○ 10월 22일 공사 끝(공사대금 300)

○ 10월 28일 가계약

○ 10월 30일 본계약 예정(2년 계약/보증금 500-30)

자금의 흐름은…

○ 감정가 35,000,000

○ 낙찰가 24,510,000

대출은…

- 대출 21,000,000(약 90%)

지출은…

- 입찰 보증금 2,451,000
- 세금+법무사비+잔금 2,341,120
- 강제집행 접수비 약 130,000
- 내용증명 약 10,000
- 명도비 150,000+50,000
- 채무자 공과금(도시가스/전기/수도) 241,980
- 복비 200,000
- 수리비 3,000,000
- 합계 8,574,100

수익은(이렇게 계산하는 것이 맞는지는 모르겠다.)

- 실투자금 3,574,100(보증금으로 5,000,000 회수로)
- 월세수입(1년) 3,600,000
- 대출이자(1년) 1,050,000
- 수익(1년) 2,550,000
- 수익률(1년) 약 71%

하여간 좋다. 과정 중간 중간에 여러 가지 사연도 많았지만 어차피 한 바퀴는 돌아야 하기에 내가 스스로 해야 할 일이기에 앞으로 나의 든든한 밥줄이 될 것이기에 혼자서 모든 걸 다 해봤다.

책도 보고 인터넷도 많이 보고 다른 여러 카페 게시판을 수도 없이 기웃거리면서 혼자 했다. 이제 한 바퀴를 돌아보니 '싸부님'에게 배웠던 모든 지식들이 현실에서 살아 움직이는 것임을 깨달았다. 진짜공부!! 제대로 한 느낌이다.

> **방글스**
> 네! 축하드려요.
> 저도 초심을 잃어버리지 않아야 하거늘…
> 한 바퀴 돌고나면 욕심이 나서 수익률 높은 거 기웃거리는 중. ㅋㅋ
> 그래도 투자수익률 71% 대단합니다.
> 처음 치고는, 꾸준히 그리고 열심히가 답인 거 같습니다.

> **雪馬(설마)**
> 고생이 많으셨구요.
> 이제 한 바퀴 돌려봤으니,
> 스터디 다시 청강을 오시면,
> 강의 내용이 새롭게 다가올 겁니다.^^

## 아는 만큼 버는 것 _by 버그쟁이

2014년 1월 21일 인천지방법원 본원! 드디어 첫 입찰을 다녀왔다. 결과에 상관없이 첫 입찰이라는 의미에서 '머리올렸다'는 표현을 쓰고 글을 올렸더니 낙찰 받은 줄 아는 분들이 있어서 화끈했다.

2013년 11월 경매에 관심을 갖고 책을 보면서 머릿속에 남은 생각이 '그래서 이게 뭐지? 뭔 말인지는 대충 알겠는데 그래서 뭘 어쩌란 거지?'였다. 그래도 막 읽었다. 여기저기 뒤져보니 한 권의 책을 한 번 읽어서는 저자(고수)가 전달하고자 하는 바를 다 이해하지 못한다고 했다. 그래서 여러 번 읽어서 모두 흡수하란다.

어떤 책을 살까 고민하다가 여러 명의 저자(고수)가 쓴 여러 권의 책을 읽는 것도 나름 득이지 않겠나 하고 생각하니 이번엔 또 '돈'이 문제다. 그래서 선택한 게 '대출'이다. 돈 빌리는 대출이 아니라 책 빌리는 '대출'이다. 그래서 경매에 관련된 좋은 입문서를 검색하고 수많은 책들 가운데 우리 동네 도서관에 있는 책을 빌려 읽기 시작했다.

『저는 부동산 경매가 처음인데요!』
『생생 경매 성공기』
『경매 100일 프로젝트』
『월급쟁이를 위한 부동산 경매』
『빌딩부자들』
『왕초보를 위한 부동산 경매 교과서』
『월세의 여왕』
『생생 부동산 경매』
『내 인생의 터닝포인트 친절한 경매』
『송사무장의 실전경매』
『소액 부동산 경매 따라잡기』
『나는 경매투자로 희망을 베팅했다』

『경매부자들』

이렇게 읽었다. 부끄럽지만 직장인이 되고 나서 짧은 기간 이렇게 책을 읽은 적이 없었다. 나름 간절했다. 우량한 독서량을 자랑하는 분께는 별거 아니지만 제게는 두 달 만에 이렇게 많은 책은 고등학교 때 무협지 말곤 없었다.

뭐가? 그리 간절했을까? 그래도 먹고는 사는데? 지출되는 비용은 점점 커지는데 수입을 크게 늘지 않으니 다른 지출에서 우선순위를 따져 지출을 결정하는 그 상황이 너무 싫었다. 전 그냥 그게 너무 싫다.

2008년 결혼을 하고 맞벌이 하면서 열심히 저축도 하고 미래를 꿈꾸며 살았는데, 첫째 아이가 이제 유치원에 들어갈 때가 되고 보니 제일 문제가 교육비! '돈'이었다. 흥청망청 살아온 것도 아니고 그저 숨만 쉬고 밥만 먹고 살았는데 참 세상 먹고살기 힘들다는 생각이 갑자기 들기 시작한 것이다. 먹고 살기 힘들다…. 그래서 저 대신 교육비를 감당해줄 사람을 찾았다. 뭔 말이냐구? 월세 수익을 보고 다가구주택을 매입하고자 알아봤다. 물건 매매로… 그러다 괜찮은 물건이 시세보다 싸게(사실 이때는 싼 건지 비싼 건지 구분도 못할 때^^) 나온 급매가 있다는 말에 퇴근하고 부동산에 달려갔다.

부동산 실장님이 세입자가 보증금 반환을 목적으로 경매를 신청한다는 내용증명을 집주인에게 보내서 급매로 나온 물건이라고 한다. 제 머릿속에 '경매? 경매? 그럼 경매로 사면 급매보다 싸다는 건가?'하는 생각이 들고 그때부터 경매를 하자는 결심을 했다. 좋은 경매 입문서를 검색하다 〈Home336〉이란 다음(Daum)의 경매카페를 알게 되고 많은 도움을 얻었다. 다른 많은 컨설팅 카페처럼 소위 '사'자가 아닌가 조심스레 탐색전을 펼치고 한 달 만에 13-9기 그러니까 2013년 12월에 스터디를 시작으로 14-1기 2014년 1월에 실전반 수업을 듣게 되었다.

── 사설을 줄이고

그렇게 실전반 아파트 수업을 듣고 열심히는 아니고 설렁설렁 앞마당 임장을 다녔다. 시간 없는 '직딩'인지라 퇴근 후에 물건 하나 임장하는 게 고작이지만 그래도 한다. 그러던 중 인천에 있는 물건 하나가 눈에 띄었다. 지인이 사는 아파트 단지여서 이전에 가본 적도 있고 왠지 뭔가 익숙하고 그냥 막 잘될 것 같은 어처구니없는 느낌이 든다.

"선배님들 대충 뭔 느낌인지 아시죠?"

퇴근하고 완전 추운데 부동산 앞에서 20분은 덜덜 떨고 부동산 사장님을 기다린다. 부동산 3군데 모두 집 보러 나가서… '날 고생시키는 거 보니 뭔가 되려는 구나'하고 말도 안 되는 상상을 한다. 인간은 희망을 먹고 사는 동물이니까. 그렇게 임장을 하고 임장보고서를 작성해 '설마'님, '댓바람'님께 검토를 부탁드려 입찰을 결정했다.

입찰표를 미리 작성해서 실수하지 않아야 내 소중한 보증금을 다시 돌려받을 수 있다는 생각에 신중 또 신중을 했다. 그렇지만 '봐도 봐도' 뭔가 실수한 것 같고 긴가민가하고 내 돈 안줄 것 같고 떨렸다.

입찰 당일 무려 8시 30분에 인천법원 앞에 도착했다. 은행 문 열리기를 기다리면서 또 덜덜 떨었다. 마침 국민, 농협의 신용정보 유출로 보증금 찾는 데만 30분이 넘게 걸렸다.

같은 실전반 응원군 '메세나합정'님과 '후쿠오'님이 '인천은 어떤가'라는 카톡 날아오는 거 답장하면서 동기들께 입찰표 검토도 부탁하고 격려의 메시지도 많이 받았다. 이 자리를 빌려 감사드린다.

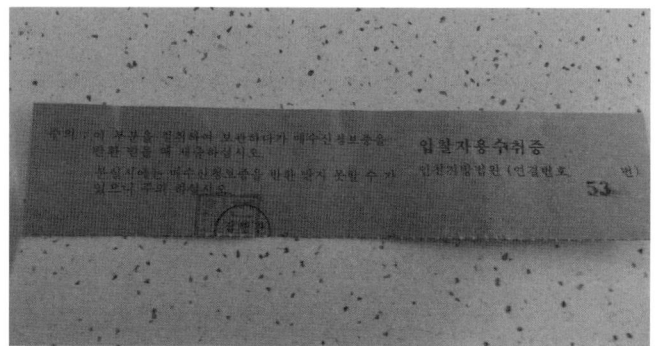

응원군에 이것이 바로 입찰서류다~ 보시라~ 하고 떨리는 맘으로 집행관에게 입찰 봉투를 건넸다. 집행관 눈빛이 '너 꼬꼬마구나 잘 왔어~' 왠지 내 돈 안 돌려줄까봐 불안했다. ㅜㅜㅜ 그렇게 수취증을 받아들고 기다리고 또 기다리고 또 기다린다. 점점 사람들 많아지고 법정 안에는 앉을 자리도 없고 다들 서서 개찰을 지켜본다. 그렇게 한 시간을 넘게 서서 혹시나 내 물건 지나칠까봐 눈도 깜빡이지 않고 모니터를 뚫어져라 쳐다본다.

드디어 제 물건 차례가 왔다. 입찰자 18명 그중 꼴등도 아닌 일등도 아닌 그냥 그런 성적이다. 좌절하지 않는다. 걱정하지도 않는다.

내 보증금 돌려받았다는 게 중요하다.

갑자기 배가 고파지고 응원군과 함께 설렁탕 한 그릇에 아쉬움을 녹이고 집으로 가는 버스를 탔다. 낙찰될 거란 기대는 솔직히 안 했다. 이제 낙찰까지 19번 남았다는 생각이 들고 내 앞마당 내 손바닥 위에 놓겠다는 각오도 새롭게 다지게 되었다. 비록 회사 하루 빠지면서 내 소중한 연차 수당은 날아갔지만 더 좋은 경험을 하고 온 하루였다. 쉽게 먹은 떡은 체하는 법이다. 뜸을 들이고 천천히 맛있게 먹는다는 생각으로 제 평생 직업을 경매로 정했다.

첫 수업에서 '설마'님이 하는 말 '그 사람이 쓰는 말이 그 사람이 누구인가 말해준다' 그리고 입문서에서 본 '일하는 만큼 버는 게 아니라 아는 만큼 버는 것이다'란 말이 제 경매의 좌우명이다.

### 🎤 소유자 수필
반장님답게 바로 실천에 옮기시다니
역쉬… 대단합니다.
조금은 느리지만 꼭 뒤따를게요.
이렇게 긴 글이 순식간에 읽혀지는 건
내게도 곧, 닥칠 미래니까 그런 거겠죠?

---

### 🎤 가나다라
잘 읽었습니다. 저도 곧 있으면 첫 입찰을 하게 될 텐데요.
너무 떨리고, 한편으로 기대됩니다.
저나 '버그쟁이'님 또한 우리 기수 더 나아가
모든 카페에 계신 여러분 성공하기를 바랍니다.~ㅎㅎ

# 왜 부인은 등본에 없을까 _by 마양

3건 중 가장 속 썩이던 세입자가 12월 24일 이사를 갔다.
이건 크리스마스 선물인가?

- 10월 02일 낙찰
- 11월 14일 잔금
- 12월 12일 배당
- 12월 24일 이사

(대략적 날짜입니다. 기억이 가물가물…ㅋ)
이사비용, 관리비는 없이 장기수선 충당금만 86,000원 주고 '빠이빠이'했다.
길고 긴 명도 이야기를 써 본다.
위장의 냄새가 '폴폴' 나는 소액 임차인.
전세 시세 1.2억 아파트에 경매 넘어가기 몇 달 전 월세 없이 딸랑 1,400만 원에 눌러앉은 세입자^^
배당이 1,200만 원 나오는 건이다.
낙찰을 받고 당일에 집을 방문했다.
신랑과 함께 초인종을 누르니 50대 전후의 아주머니가 문을 열어주었다.

낙찰자라고 말하고 이사 갈 집을 알아봐야 하며, 11월 말까지는 이사를 가야 한다고 말했다.

아줌마왈

왜 비싸게 낙찰을 받았냐는 둥

여긴 교통이 좋지 않다는 둥

자기네가 2014년 6월에 딸 결혼할 때까지 살아야겠다는 둥

남편이 법 공부를 했고 아는 법무사가 있다는 둥

어쩌고저쩌고…

"네 비싸게 받아서 돈이 없으니 빨리 나가주세요."

"교통이 안 좋은 동네니 좋은 데로 이사 가세요."

"저희 차 있어서 괜찮아요."

(발끈하는지 자기네도 차 있다고 ㅋㅋ 우리 집도 차 있다는 초딩마냥 ㅋ)

"네 법무사랑 상의해보시고 결정하세요."

쌍방이 다다다 중얼중얼 끝나고 목소리를 가다듬고 물었다.

"그런데 보증금 1,400만 원에 월세는 얼마에 계약하신 거예요?"

(ㅋ 월세가 없다는 걸 알고 있었지만 아픈 곳을 찔러봅니다.)

아주머니는 자기는 잘 모른다며, 모든 건 남편이 관리한다고 했다.

"아. 네, 그럼 남푠님 전화번호 좀 주세요."

(협상의 대상자를 파악하는 게 1순위다. 그리고 연락처를 받았다.)

──이렇게 1차 대면 끝

1주일이 지나고 매각 허가가 났다.

잔금일이 정해지고

문자를 보냈다.

'매각 허가가 나고 잔금일 결정됐습니다. 배당 기일은 잔금 일에서 약 4주 전후이니 그때까지 이사를 가시라. 잔금 후에는 내 소유이니 월세 및 불법 점유로 발생한 부당 이득에 대해서 손해배상 청구하겠습니다. 이사 날짜 잡아서 연락 주십시오.'

남편님 전화 와서 매각 허가가 나지도 않았는데 집을 찾아와서 자기들을 협박을 했다고 신고하겠다.

ㅎㄷㄷ 무섭죠. ㅎ

잔금일은 15일인데 하루 먼저 잔금을 치루고…

다시 문자를 보낸다.

오늘부터 그 집은 내 집이다.

넌 불-법-점-유-자.

월세는 150만 원 선불이고 연체 이자는 연 30%고

그쪽이랑 협상은 안 해…

강제집행까지 끝내고 민사로 지급 명령받아서 끝까지 받아낼 꺼야

ㅎㄷㄷ 저도 무섭죠? ㅋ

며칠 후 일요일 오전 11시에 전화가 왔다.

세입자가 만나자 했다.

(먼저 만나자고 하니 우선은 우리가 '갑')

젠장! 신랑하고 전날 늦게까지 술 마시고 자다가 밤중에 홍두깨마냥 신랑은 한 시간 후에 괜찮다고

우리 동네 잘 안다며 세입자님 우리 동네로 온다고

헐. 우리 동네 알기 쉽지 않다고

저희는 도로변에 있는 커피숍 주소를 찍어주었다.

세입자님 거긴 싫다고 ㅋ

동다방으로 오란다.

(우리 동네 오래된 다방이 있다. 헐, 이걸 알다니 정말 동네를 파악하고 있다.)

일요일이라서 다방 문 닫음

생긴지 2달 정도 된 카페로 약속 장소 옮김

거기도 문 안 열음

결국은 우리가 잡은 카페로 유인 성공!

(세입자와 약속 장소를 잡을 때는 되도록 제가 잘 아는 곳으로 한다. 심리적인 부분도 있고 타고 온 자동차를 캡쳐하기 위함도 있다.)

여우같은 세입자님 자동차를 저 멀리 숨겨두고 카페입장~

뛰는 놈 위에 나는 놈 ㅋ

오자마자 약 올리듯 위임장을 펄럭이며 보여주고는 안주머니로 넣는다.

(세대주는 이분인데 임대차 계약을 91년생 아들 민식이 앞으로 써서 아들의 권리를 위임 받았다고 했다.)

아무튼, 다짜고짜 이사는 12월 21일에 이사 나간다.

이사비용 얼마를 줄꺼냐고?

우리 신랑 얼마를 생각하냐고?

세입자님 300만 원 주란다.

우리 신랑 왜 저희가 이사비용을 줘야하죠?
이유가 타당하면 드릴 테니 이사비용의 명분을 대라고.
(조선시대 사대부처럼 명분론을 내세우는 신랑님ㅋ 귀엽죠^^*)
세입자님 경매의 관례란다 30평은 300만 원이 관례라고
아. 저희는 이사비용을 주어야하는 의무가 없다. 말하는데…
세입자님 벌떡 일어나더니 300 안주면 이사 안 간다고 자리를 박차고 나가버림
(커피 사줬더니 먹튀~~~~~!!!)
뒤를 살금살금 밟아 자동차를 확인했다.
민식이 아버님 벤츠타고 오셨네요.
옛말에 아흔아홉 개 가진 놈이 한 개 가진 놈 꺼 뺏는다고.
있는 분들이 더하시죠.
——이렇게 2차 대면 끝

어느새 배당 기일이 다가왔다.
소액 임차인의 경우 배당 배제 들어오면 일이 복잡해지는 경우가 있다고 한다.
(배당 배제로 소송이 들어오면 진격의 명도 확인서도 무용지물이고, '배째'라고 안 나가는 경우가 있다.)
저희도 불안했다.
다시 한 번 경매 물건을 검토해봤다.
이 세입자에게 배당 배제가 들어온다면 누가 할까?
채권자들을 살펴봤다.

이 세입자 1,200만 원 배당이다.

만약 이분이 배당에서 제외되면 이 돈은 누구에게로 갈까.

다행히도 두 채권자가 나눠 갖게 될듯하다.

이렇게 되면 저의 상식으로 배당 배제는 안 들어 올 듯 육감이 꿈틀거린다.

내가 채권자라도 몇 백 더 받자고 길고 긴 소송을 시작하진 않을 듯하다.

(온전히 제 생각… 근거 없는 ㅋ)

각설하고 이 골칫덩어리를 빨리 내보내고 싶다.

첨부터 생각한다.

등본 상에는 아저씨와 세 남매.

집엔 부인이 있는데 등본엔 부인이 없다.

딸 둘 아들하나 민식이…

그런데 처음 집을 방문했을 때 아들 방이 없었던 거 같은 기억.

방 세 개 중 한 개는 서재,

한 개는 온통 분홍 딱 봐도 여자방,

다른 한 개는 안방.

22살 아들이 안방서 엄마랑 아빠랑 같이 자나?

아들은 어디에 있는지? 의문이 생긴다.

왜 부인은 등본에 없을까?

아들 명의로 작성한 임대차 계약서를 열람해봤다.

전화번호는 아버지 것이다.

계약 시 전 주소가 동대문구 이문동

계약한 아파트는 경기도 양주

그런데 계약서 쓴 부동산은 서대문구에 있다.

아! 무엇인가 위장의 냄새가 폴폴~

또 한 가지 이문동에 살아서 우리 동네(청량리)를 빠삭하니 알고 있었다는 추론도.

민식이 찾으러 이문동 아파트를 가봤다.

우편함을 습격했지만 소득 없이 컴백홈.

찜찜한 기분에 이문동 전 주소지를 등기 열람했다.

(700원 내면 인터넷으로 열람할 수 있죠.)

이문동 현대아파트, 헐 경매 물건이다.

경매 나온 시기도 낙찰 받은 우리 집과 비슷하다.

다시 경매 사이트를 열어 물건 검색했다.

낙찰 받은 양주 아파트 아저씨 이름이 김ㄱ수

세입자 전 주소지 이문동 세입자 이름이 김ㅇ수

컥. 둘이 딱 봐도 형제 같다.

양주는 보증금 1,400에 1,200배당

이문동은 보증금 2,800에 2,500배당

게다가 한자 수자가 같은 수자다

등본 사진 찍었다.

한자를 잘 아는 오빠에게 Q&A

한자 수자에 관해 물어본다.

오빠왈, 저 수자는 돌림자로 많이 쓰는 수자란다.

확신이 온다.

형제 사기꾼(?) 인가보다.

저는 그렇게 결론을 짓고 있는데,

우리 신랑은 왜 부인이 등본에 없는지에 꽂혔네요.

하루가 지났다.

신랑이 회사에서 카톡을 보냈다.

민식이 엄마를 찾았다고 했다.

헐…

민식이 어머니의 이름이 정말 특이했다^^

성이 '선우'이고 이름이 'ㅊ순'이다.

이 선우ㅊ순 씨는 이문동 현대아파트의 주인님이다.

결론을 말하면…

이문동 현대아파트 민식이네 가족은 집이 경매를 당하자 경매 컨설팅에 찾아갔을 것이다.

합법적(?)으로 본인 소유 아파트에는 형제인 김ㅇ수 씨를 소액 임차인으로 넣어 2,500을 건지고 본인은 양주(우리 아파트)에서 1,200을 배당받고 이사비용 300을 받겠다는 목표로 컨설팅에 수수료를 내고 일을 꾸몄을 것으로 예상해본다.

무언가 불법인 거 같은데 증명할 길이 없다.

아무튼 우리 신랑이 이문동 집주인 이름이 너무 특이해서 우리 세입자 이름과 같이 구글에 검색했더니 둘이 부부라는 자료와 민식이 어머니라는 증거가 다 나왔다고 했다.

구글 무섭죠?

이차저차해서 이런 얘기를 세입자에게 하고 이사비용 없이 나가라

고 했더니

우리보고 협박을 했다는 둥

뒷조사를 했다는 둥

자기를 조롱해서 모멸감을 느꼈다는 둥

고소를 한다는 둥

경매꾼이라는 둥

싱크대를 100만 원 주고 고쳤다는 둥

우리가 고용한 법무사가 능력이 있다고 자만하지 말라는 둥 ㅋㅋ

(법무사가 해리포터의 투명 인간 망토를 쓰고 우리를 돕나봐요. ㅋ)

속을 팍팍 썩이더니

신랑보고 저 빼고 둘이 만나자고 또 연락이 왔다. ㅋ

제가 무섭나 봐요.

(속으로 '니가 몬데 날 델고오란마리야')

신랑이 회사 근처에서 만나서 월세 안 받을 테니 그냥 나가셔라.

배당 기일까지 나가면 밀린 관리비(50만 원정도)는 내주겠다. 했다고.

그러더니 크리스마스이브에 이사를 간다고

저희 보고 잘 먹고 잘 살라고

자기네는 다른 곳에 경매 받아서 이사 간다고

그런데 그 집에 세입자 200만 원 이사비용 줘서 내보냈다며 ㅋㅋ

세상에 우리 같은 사람 없다며 ㅋㅋ

장기수선 충당금 달라고 떼써서 '소액임차'님에게 여쭤보고 줬다.

86,000원.

(이 돈을 받기 위해 세입자님 마지막달 관리비를 안내고 저희랑 딜

하고, 진짜 집요한 성격인 듯)

그리고선 신랑이 그토록 궁금해 하던 민식이 등장!

모자를 쓴 게 군인 같다.

아버지 벤츠를 타고 민식이는 가고

그런데 딸들은 또 우리 아파트 옆 동에서 나온다. ㅋㅋ

(왜 공포 영화 라스트 신에서 마지막에 여지를 남기는 듯한 느낌이랄까? ㅎ)

정말 저 사람들의 정체는 무언지 ㅋㅋ

에고고 얼마나 싸웠는지…


정말 줄이고 줄여서 썼는데도 장문이네요.

저희는 스릴 만점으로 명도를 해서

느낌 공유하고픈 맘에 길게 썼는데요.

두서없이 늘어놔서 내용이 잘 전달이 될련지^^

다들 새해 파이팅 하시고 매도되면 또 쓸게요.


📝 **겨울개나리**
헉… 제목은 12월 24일 선물인데…
내용은 한편의 스릴러 영화? 추리 영화를 본 것 같네요.^^
정말 고생이 많으셨어요.
명도하려면 똑똑해야겠다는 생각도 들고…
강심장이어야겠구나라는 생각도 들고…
휴! 정말 대단하신 것 같아요!
ㅋㅋ 좋은 얘기 올려주셔서 감사드려요.~^^

> 📘 **마양**
> 아… '소액임차'님 덕분입니다.
> 중간 중간 상담해 주시고 중심을 잡아주셔서요.
> 감사해요.~~
>
> 📘 **소주한잔**
> 잘 봤습니다.~ 엄청 힘드셨겠네요.
> 저라면 어떻게 했을까? 하는 생각을 하면서 읽었어요.^^

# 적당할까? 조금 낮출까? _by 겨울꽃

새벽 3시 35분, 아직은 깜깜한 새벽이다. 한두 살 늘어가더니 점점 새벽잠이 없어진다. K씨는 쓸쓸한 미소를 짓는다. 잠도 안 오는데, 입찰가나 다시 한 번 볼까. K씨는 조용히 일어나 노트북을 편다.

12타경 OOO

기준가는 이 정도면 적당한 것 같은데, 입찰가가 너무 높을라나? 이익은…? 기준가를 너무 적게 잡았을까? 업자는 급매가가 2.0억이라 했는데. 국토부 거래 가격은 2.0억이 되질 않는다. K씨는 동일번지 낙찰 현황을 열어본다. 최근 낙찰률 70% 근처, 더욱이 물건보다 더 큰 평수는 60% 초반, 생각보다 낮다.

K씨는 고민에 빠진다.

2분기 초까지 거래가 좀 되다가 최근 다시 주춤해진 상황이다. 현재의 시세나 급매는 다소 거품이 있다고 보인다. 게다가 국토부 매매 가격은 2.0억이 되질 않고 기준가가 잘못되었다고 생각되진 않는다. 그럼 입찰가는… 감정가가 시세 대비 좀 높은 편인데… 입찰가율이 대략 76% 기준가 대비 입찰가 비율 약 89% 너무 높을까? 조금 낮출까? 낙찰가는 좀 높게 나올 거 같은데 낙찰가 추격하기엔 좀 무리가 있어 보이고 그래 일단은 좀 낮춰서 가자. 안되면 내 먹거리가 아닌 게지.

어느덧 04:30 얼마 지나지 않은 거 같은데 벌써 한 시간이 흘렀다.

13타경 OOO
'이건은 어떻게 하지…'
'현재로 큰 무리는 없어 보이는데…'
'감정가 1.15억에 23년 된 아파트'
'기준가는 이 정도면 조금 낮아 보이는데…'
'이 정도 아파트에 이익은 0.1억이면 충분…'
'입찰자도 많지는 않을 것 같은 예감…'
'……'
'그래 이건 그대로 가자…'
시간은 벌써 04:50
K씨는 일단 출근 준비를 위해 화장실로…
'적당할까? 적당할거야… 조금 낮출까? 아니 그 정도면 충분해…'
K씨는 씻는 중에도 계속 입찰가 고민을 한다. Y씨가 일어나 출근

준비를 도와준다.

　05:30경에 갑자기 비가 쏟아진다. 이건 들이붓는다는 표현이 맞겠다. 엄청나다. 갑자기 K씨 머리가 번쩍… 아 오늘 입찰하러 오는 사람 별로 없겠다.

　'Y씨 오늘은 비가 오니까 조금 일찍 준비해서 나가… 차가 막혀 서류제출 못하면 안 되잖아. 왠지 사람이 많이 없을 거 같아.'

　Y씨가 알았다고 한다.

　K씨는 자꾸 시계를 보게 된다. 11:20 이제 서류 마감했겠다. 자꾸 뭔가 불안하다. 신경이 쓰인다. 밥을 먹어도 생각은 딴 데 가있다.

　2012타경 패찰

　1등과 약 0.1억 차이 … 흠 … 아닌가? 아닌데 … 뭔가 계속 불안한데…

　Y씨의 문자 '낙찰됨'

　7월 22일, 오후12:20

　헛… 이럴 수가… 이럴 수도 있구나… 울렁울렁… 두근두근… 쿵쾅쿵쾅…

# 아까워라… 아까워라… _by 바오롱

　오늘은 오랜만에 2계와 20계로 두 계가 동시 진행이라 입찰자들도 많이 붐볐다. 개찰준비가 완료되고 드디어 시작이다. 오늘 진행되었던 물건 중에 내가 경매에 입문하여 처음으로 실제상황으로 보고도 듣고도 헛웃음만 나온 사건이 발생하고 말았던 것이다.

당사자는 얼마나 황당했을까?

오늘 주인공의 아래 물건내역은 이렇다.

O 사건번호 13타경 77821 아파트(26평형) 부평구 일신동 일신주공아파트
O 감정가: 155,000,000
O 최저가: 108,500,000
O 유찰: 1회
O 입찰자수: 10명
O 1위: 1,285,700,000(829%)-〉 어떻게? 어떡하니? 우얄꼬? ㅜㅜ
O 2위: 148,889,000

입찰자인 당사자 법대로 후다닥 나가보지만, 상황이 종료됨

어찌나 허탈한지 너털웃음만 짓고, 2위도 덩달아 웃고, 우린 모두 웬일이니 어쩐다니 어머나 세상에 이러고 순간 위 사건으로 법정 내 술렁술렁 1등한 사람은 초보경매자도 절대 아닌 것 같다. 그냥 오늘 원숭이가 나무에서 한 번 떨어진 위험하고 아찔한 순간을 맛본 것이다.

어제 술을 많이 드셨나?

갑자기 귀신 씌었나?

입찰보증금 10,850,000원 아까워라… 아까워라… 내가 다 속상한 사건이었다.

지금도 계속 입찰 중이고 이제 입찰을 시작하려는 사람들 언제나 보고 또 보고 위와 같은 일이 절대 없도록 조심하세요.~^^

# 난생 처음 가본 법원 _by 도리

태어나서 처음으로 법원에 가봤다. 본격적으로 경매공부를 시작하면서 법원이 어떻게 생겼으며 경매법정 분위기는 어떤지 실제로 보고 싶었다. 책이나 경매카페에서 회원들의 여러 글은 읽었지만 글로만 접하다보니 뭔가 2% 부족한 느낌도 있고 해서 시간을 내어 가봤다.

입찰시간에 맞춰 갔다. 인천법원은 2층에 입찰법정이 있었고 입찰은 10시부터 시작되었다.

집행관으로 보이는 사람이 주의사항을 얘기했다. 나는 처음이라서 끝까지 들었지만 대부분의 사람들은 '듣는 둥 마는 둥' 했다. 그리고 놀란 점은 온 사람들의 연령대가 다양했다. 20대 초반부터 70대 이상으로 보이는 어르신들까지 손주, 손녀와 함께 온 사람도 있다.

연세 많은 어르신들도 입찰하는 걸보니 대단하다는 느낌이 들었다. 카페 회원들의 글에서도 언급했듯이 역시나 그날 경매취소가 된 물건이 게시되어 있는데도 확인을 하지도 않고 입찰서류를 넣는 사람들도 있었다.

인천법정은 개찰시작 전 그날 취소된 물건에 입찰한 사람들에게 보증금 반환해주고 동시에 유찰된 물건을 법정에 있는 TV화면에 공지를 해주었다. 집행관이 사건번호에 대해 입찰자가 몇 명인지 우선 말해주고 입찰자 각각의 입찰금액을 일일이 불러주었다. 그래서 시간이 많이 소요되었다.

패찰한 사람들은 법대 맨 좌측에서 입찰보증금 받아가고 낙찰된 사람은 그 반대편 쪽에서 영수증을 받아 나가던데 대출 명함 주는 사람들을 보질 못했다. 그렇게 모두 개찰되는 걸 보고 나왔다. 낙찰된 사람들을 보니 부러웠다. 나도 언제쯤 저런 기회를 얻을 수 있을지… 아무튼 그날이 기다려진다.

## 술보다도 짜릿한 쾌감-첫 낙찰 _by 마양

1년 전, 남친과 경매 공부를 시작한 지 1년 만에 낙찰이라는 환희를 맛보았다.

그때의 남친은 지금 남편이 되었다.

신혼의 단꿈에 빠져 입찰을 등한시 할 때

실전반 동기 '오광자매'님의 파이팅에 힘입어

광클 입찰한 덕에 단독 낙찰이란 놈과 만났다.

앞으로 명도와 매매라는 두 고비가 있지만

든든한 남편이 있기에 두렵지 않다.

최근 공동투자 물건으로 북부법원만 줄기차게 가다가

원래 임장 주력하던 의정부법원.

오래간만에 가니 1년 전부터 내가 낙찰이란 놈을 만나기 위해 얼마나 다녔던 곳인지 기억이 새록새록 했다.

추석 연휴 지난 첫 월요일이라 왠지 오늘은 단독 입찰이 될 것만 같은 기분으로.

결혼 후 첫 명절을 시댁에서 보낸 피로감을 이겨내며

(참고로 우리 시댁은 땅끝마을 옆 동네)

은행에서 보증금을 찾아 법원으로 향했다.

보증금 찾을 때도 이상하게 해롱거리며 돈도 못 찾더니

입찰서를 쓰는데도 몇 번을 다시 썼는지…

원래 한 번에 쓰고 사진 찍어 신랑에게 검사를 맡는데

오늘은 입찰서를 쓰고 마감 10분 전까지 제출을 못하고

고민하다가 신랑 검사 쾅쾅 제출!

의정부법원은 입찰 봉투 추리면서 입찰자 수를 말해준다.

**총 3건 입찰 중**

**1개 단독, 나머진 9명과 12명**

**드디어 낙찰!!!**

서로 자기가 잘해서 낙찰됐다며 잘난 척에 서로 맞장구치고

'넌 부인을 잘 만났네'

'넌 남편을 잘 골랐네'

수익이 얼마나 날진 모르지만, 첫 낙찰…

활기와 희망과 어디서도 맛보지 못한

어느 좋은 술보다도 짜릿한 쾌감을 준다.

낙찰은 어느 순간 온다.

### 雪馬(설마)

잘 됐어요. 그만큼 발품을 팔고 다닌 보람이 있습니다.
어제 중간 중간 통화하는 마양님 목소리에
첫 낙찰의 긴장과 설렘…
그리고 잘 받은 건가하는 걱정이 교차하고
이어서 부동산 방문 후에 안도와
세입자 면담 후에 즐거움이 배어 나오더라구요.^^

### 마양

네, 첨엔 제가 잡은 기준가와
제가 느낀 시장의 분위기를 확신하지 못하고 불안했었는데
입찰 때까지 몇 번이고 고민했던 순간들이 헛되지 않아 참 보람입니다.
카페에 가입하여 여러 가지 편견을 깨고 드디어 수확을 거두었네요.
다 두 분 쌤 덕분입니다.
명도는 든든한 마양군이 잘 하겠죠? ㅋㅋ
감사합니다.

### 닉이네임

저도 현재 여자 친구와 같이 공부 중에 있어서
남일 같지 않고 기쁘네요. ㅋㅋ

첫 입찰
& 첫 낙찰

# 연예인이 이런 기분 _by 아미루스

밤사이에 하얀 눈이 소복이 내렸다. 평소 같으면 어릴 적 감상에 젖어 살짝 즐거울 법도 하련만 '에구 늦으면 안 되는데… 길이 막히면 어쩌지?' 집에서 북부법원까지 차로 가면 30분 지하철로는 1시간 40분이 걸린다.

"그래 일찍 나서서 대중교통을 이용하자!!"

나는 신성한 법을 집행하는 법원에 고귀한 볼일이 있어 길을 나서는 선진문화시민이니까. 오늘은 우리나라 사람이라면 의무적으로 미역국을 먹는 날이다.

(당신의 탄생을 축하합니다. 자축하고 넘어가자!!)

"여보 미역국 먹으면 미끄러지니까 다녀오면 끓여줄게."

그렇다 아니 그렇지 당신 아니면 큰일 날 뻔했네. 아침 일찍 미역국 끓이기 귀찮아서 그런 건 절대 아니란다.

"여보! 난 그럴 거라 믿어."

"아무래도 미역국은 법대 앞에서 먹게 될 것 같은데??!!!"

그도 그럴 것이 어제 설마님에게 자료 받을 때 생각했다.

'잉? 최저가에서 30만 원 더? 몇 억이 왔다 갔다 하는데, 300만 원도 아닌 고작 30만 원? 그것도 감정가보다 근 1억 원 가까이 적다. 아! 나 연습 삼아 함 해보라는 건가?'

그 자료 준비한 '소액임차'님에게 다시 물어도 심사숙고한 입찰가란다. 연습용 아니란다. '아! 예'하면서도 이건 당근 패찰일거야 하고 있던 터라 아내에게도 그리 한마디 던지고 집을 나섰다.

붐비는 지하철에서 어둠의 경로로 취득한 꽁꽁 얼어버린 왕국 한 편 보면서 법원 도착시간 9시 40분이다. 내 생애 최초 입찰을 도와 주러 '소액임차'님이 오기로 했다. 그런데 내가 너무 일렀다. 뭐하지? 우선 사진으로만 보던 북부법원 성지인 흡연실부터 들려서 연기로 맘을 다스리고 법원 탐험을 시작했다.

나로서는 정말 탐험이라는 표현이 맞는 게 나를 만난 몇몇 분들이 보기에도 눈치 채셨겠지만 워낙 아름답고 맑게 살아온 인생인지라 경찰서도 한번 안 가봤는데, 법원에 올 일이 있었겠는가? (그냥 동의해 주시는 걸로 넘어가고…)

내가 할 수 있는 건 미리 해놓을까? 우선 옆에 있는 검찰청 1층 신한은행으로 향했다. 검찰청 입구 금속탐지기가 시끄럽게 울린다. '엥? 어쩌지?' 공항에서처럼 소지품 다 올려놓고 검사받을 준비를 했다. 우선 주머니 핸드폰부터 옆에 바구니에 넣고, '엥? 바구니가 없다' 그제야 금속탐지기의 시끄러운 소리에 당황해서 보지 못했던 주변을 흘끔 둘러봤다. '쩝' 다들 탐지기 옆으로 피해 들어간다. '우쒸' 그럴 거면 입구에 이것은 왜 설치해서 선량한 시민을 우롱하는지….

계약금 수표로 출금하기 위해 1층 은행창구 번호표를 뽑으려는데 번호표 기계가 이상했다. 보던 거랑 메뉴가 달랐다. 뭐지? 앞 창구에 앉아있는 아가씨에게 "통장을 개설하려는데 몇 번 눌러요?" 그러자 조용히 1층 로비 구석을 가리켰다. 그쪽에는 작은 부스에 아가

씨 두 명이 은행 간판과 함께 앉아있었다.

    은행 일을 마쳤다. 그럼 경매 법정이 어딘가? 나 같은 초보도 근방 찾을 수가 있었다. 사람이 많았다. 아주 북적북적하다. 모두가 노란봉투 하나씩 들고 무언가를 적으며 고뇌에 찬 표정들이다. 손에 든 노란봉투가 화장실 휴지로 바뀌어도 하나도 어색하지 않을 것 같다.

    오호라! 저 봉투가 그거구나, 나도 저 봉투가 필요하다, 그래서 '민원실에 있겠지' 생각하고 법정을 지나쳐서 민원실로 갔다. 민원실도 봉투에 적는 사람들로 인산인해다. 그 봉투가 없다. 복도에도, 그 어디에도 없다.

    도대체 저 많은 사람들이 어디서 저걸 가져왔단 말인가? 혹시 하고 법정으로 갔다. 내가 생각한 고귀한 법정 아니다. 이건 그냥 시장판이다. 사람이 너무 많아서 들어가기도 힘들다. 수많은 사람들이 적고만 있지 교부처가 도무지 보이지 않는다. 분명 받는 곳은 사람들이 북적거릴 것인데, 북적이는 곳은 법정뿐이고 모두 적고만 있지 않은가? 물어보고 싶다. 누구한테 물어본단 말인가? 딴 건 몰라도, 이거 어디서 받아요? 오늘 입찰 못하는 한이 있어도 자존심이 상해서 이건 차마 물어보지 못하겠다.

    지금 생각해보니 경매지 아줌마들도 내가 '초짜냄새' 물씬 풍기며 두리번거리고 있는 걸 눈치를 챘었나보다. 내게 경매지 사라는 아줌마가 없었음을 지금 글을 쓰면서 깨달았다. 가기 전엔 오늘 기념으로 하나 사줄라했는데, 교부처 찾느라 당황해서 깜빡했다.

    어쨌든 내 손에 입찰봉투가 쥐어졌다. 내가 절대 아닐 거라고 그럴리 없을 거라고 굳게 믿어 의심치 아니했던 고귀하고 숭고하고 높디높았던 법대가 빌어먹을 교부처였다. 그것도 법대와는 전혀 어울리지 않는 노란 브릿지 염색의 얄밉게 생긴 아가씨가 잘 보이지도 않는 법대 구석에서 소심하게 나눠주고 있었다. 복수하는 심정으로 2개 받아왔다. 의외로 적는 건 어렵지 않았다. 솔직히 그것도 못 적으면 바보 아니겠는가?

　100%로 낙찰 받는 신의 기술인 '0'을 하나 더 안 적었나만 10번 이상 확인한 것 같다. 나중에 '소액임차'님의 비웃음과 함께 안 사실은 봉투 뒤에 도장 날인은 초보나 하는 거란다. 어떤 할아버지 눈치 봐가며 커닝까지 해서 했건만, 그래도 '소액임차'님 오기 전에 모든 작업을 마친 거에 한숨 돌리고 담배를 피우로 갔다.

　이제부터는 길고 긴 기다림의 시작이다. 너무 많은 사람들로 인해 법정엔 들어가지도 못하고 밖에서 TV로 지켜본다. 집행관이 학교 다닐 때 공부만 잘하던 '소심쟁이'였나 목소리가 너무 작아서 소리가 안 들린다. 더 짜증나는 건 '1'과 '2'의 발음이 반대다. '1'은 '2'로 '2'는 '1'로 들린다. 나중엔 해외교포라 생각하고 그냥 반대로 해석하니까 덜 미워진다. 암튼 민원감이다. 오늘 패찰 되면 민원 넣고 가야지… 대략 3시간쯤 흘렀나? 등도 아프고 다리도 아프다. 담부턴 낚시 의자를 가져와야겠다.

　'신호등'님이 저쪽에서 노란 낙찰영수증을 흔들며 환한 표정으로 우리 쪽으로 온다. 부럽다! 이 모든 게 저 싸 보이는 종이 하나 받기 위함 아닌가?

　"소액임차님 나 단독 되면 법대 앞에서 부끄러워서 어카지?"

"쩝 절대 그럴 일 없으니까 걱정 붙들어 매요."

이제 내 사건 차례다. 집행관이 내 이름을 호명하고 뒤에 한 명 더 딱 두 명이다. 오호 확률 50%다. 집행관 앞에 섰다. 뭔가 서류를 보고 순서를 챙긴다. 내 주위에 다른 호명한 사람이 안 보인다. 안 나왔나? 이사람 어디 갔지?

그런 생각하는 순간 집행관이 제출한 서류에 빨간 볼펜으로 동그라미를 치는 게 보인다. 내 키가 좀 큰 편이라 다 보인다. 자랑은 아니니 이 긴박한 클라이맥스에 그런 오해는 마시길… 내 거다! 분명 내 거다! 내가 워낙 악필임을 알기에 좀 떨어져서 봐도 내 글씨는 알아볼 수 있다. 혹시? 순간 머리가 멍해진다. 집행관이 4차원이 아니고서는 뭐 하러 패찰서류에 '빨간펜선생님' 흉내를 내며 낙서를 하겠는가? 뒤를 돌아봤다. '소액임차'님이 패찰이 되면 보증금 받고 나오면 된다고 알려주었다. 그 반대는?

수백 개의 눈들이 나 하나를 보고 있다. 이목집중이다! 다른 입찰자는 도대체 어디 있단 말이냐? 왜 나만 서있지? 그리고 좀 전에 앉아있던 '소액임차'님은 어디 간 거야? 부끄러워서 수많은 눈을 피하고자 다시 돌아섰다. 이럴 줄 알았으면 뒷모습이 예쁜 옷을 입을 걸….

난 절대 민원 넣지 않을 거라는 믿음으로 한없이 따스한 시선으로 집행관을 쳐다보는데, 집행관이 흘끔 나를 본다. 그런데 '눈빛이 너는 뭐냐?'라는… 그럼 뭐지? 벌 받으러 법대 앞에 서서 판결을 기다리는 심정이 이런가? 두 손을 모으고 착한 자세로 서서 고개를 들어 집행관의 입만 바라본다. 나를 또 한 번 '띠꺼운' 표정으로 본다. 왜?

**2013타경 **** 사건**

최고가 입찰자는 *억이천*백**만 원을 쓴 '아무개' 젠장 나보다 정확히 1천만 원 높고 뒷자리 금액도 같다.

**2013타경 **** 사건**

최고가 입찰자는 *억이천*백**만 원을 쓴 '마포의 아미루스'

엉? 나? 금액이… 뭐야?

(앞서 말했지만 집행관 발음이 교포다. '1'이 '2'로 들린다. 민원감이다.)

'차순위신고하세요'하면서 날 또 떨떠름하게 쳐다본다. 넌 뭐야 하는 표정이다. 어쩌라고? 난 빙긋 웃음으로 답변했다. 귀찮다는 듯한 손짓으로 "저쪽으로 가서 영수증 받으세요." 그랬다 지금까지 날 '티껍게'보던 이유가 재판을 받듯이 집행관 앞에 손을 모으고 서있을 것 없이 끝에 노랑머리 브릿지 아가씨한테 다이렉트로 가면되는 것이었다.

보이지 않던 패찰한 사람은 벌써 일찌감치 보증금 받고 가버려서 내 눈에 안보였던 거였다. 높은 법대 위 아가씨가 도장 달란다. 쓸 일 없을 줄 알고 가방 깊숙이 들어있는 그 도장을 찾고 있다.

낙찰되면 낙찰자에게 모든 시선이 가게 되어 있었다. 그 많은 수백 개의 눈이 날 쳐다본다 생각하니 떨린다 하마터면 법대 앞에서 내 가방의 내장을 쏟아낼 뻔했다. 당황한 나머지 달라는 도장 대신 법대로 손을 뻗어서 친히 찍어주는 신공을 발휘 후 돌아섰을 때 많은 사람들의 그 눈빛은 아마 평생 잊지 못할 것 같다.

수많은 대출 아주머니들의 축하를 받으며 퇴장하는데… 살면서 그렇게 많은 여자들이 내 전화번호를 따겠다고 서로 다투며 이렇게 몰려든 적은 처음이다. 연예인이 이런 기분이구나!

축하 사진 촬영과 '설마'님 축하 전화, 1시간 후 연이은 '소유자 수필'님의 낙찰 소식. '어메이징'하고 '버라이어티'한 하루를 그렇게 보냈다.

새로운 세상, 새로운 도전, 내가 알지 못하던 세계였다.

내가 살던 세상은 '우물이었고 호두 껍질속의 우주였다'라는 생각이 든다.

### 겨울개나리
와우~ 글 재미나게 읽었습니다.
첫 입찰에 첫 낙찰이라니 완전 축하 축하드려요.^^
아주 좋은 생일 선물이 되셨겠네요.
명도에서 매도까지도… 파이팅임돠~^^!!

### 아미루스
임장 및 조사는 가혹하게…
낙찰은 순탄하게…
그런 맘입니다. 감사합니다.

# 새로운 전환점을 맞고자 _by 빅마마

하루에도 카페 방문은 수십 번씩 남들 임장 입찰 모임후기 등등 '나도 언젠가는 저기에 글 올릴 수 있겠지'라는 희망으로 2012년 11월 스터디 이후 실전반 들어오기까지 약 1년이란 시간 동안 어떻게든 신랑과 함께 해보고자 기다렸지만 허무하게 결국 나 혼자 수많은 고민 끝에 실전반 등록하고 이제 1주차 수업 끝내고 2주차 기다리네요. 그런데 아직도 전 앞마당도 결정하지 못하고 이 아까운 시간만 보내고 있고 같은 실전반 동기들 바쁘게 임장이며 입찰이며 뛰어다니는 걸 보며 마냥 부러워만 하고 있으니 이를 어째요.

지금도 회사에서 눈치 보며 몰래몰래 '굿옥션' 들어가서 경매 물건 검색해보지만 나의 집은 송파요, 회사는 종로 안국역 부근이요. 가진 돈은 얼마 안 되는데, 그나마 시간 내서 임장 다녀보고픈 곳에 내가 접근할 수 있는 물건은 다 비싸고 몇 개 없어요.

저는 애가 둘이고 작은 아이는 아침 6시 반 집에서 함께 출근하여 직장 어린이집에 보내고 저녁 6시경 퇴근할 때도 함께 해요. 종로에서 송파까지 퇴근해서 집에 오면 시간은 저녁 7시 반경 요새는 이미 해가 저물어 어둑어둑 해져요. 저희 집이 아파트가 아니라 아파트 단지로 임장가려면 또 시간이 지나고 결국 8시에나 평일 임장이 가능한 처지인데, 그나마도 임장할 물건이 주변에 없네요. 주말에는 경매하는 걸 무지하게 반대하는 신랑과 8살 4살 잠시도 가만히 있지 않은 아이들 때문에 혼자 집을 나서는 거조차 눈치가 보이고 미안하고 일요일엔 부동산이 쉬고 그나마 유일한 임장 가능 시간이 토요일이라는 거 이건 어떻게든 사수해 보려고 합니다. (내 새끼들 미안해)

그래도 지금 가까스로 친정엄마 도움에 실전반은 나가고 있네요. 그렇지만 같은 실전반 동기들 중에서도 제일 늦장부리고 뒤쳐지는 절 생각하니 앞이 캄캄하기만 하고 회사에 앉아서 이렇게 컴퓨터만 보고 있으려니 내 신세가 불쌍하기도 하고 경매를 배우고자 했던 이유라면 여기 〈336카페〉 회원 대부분이 같은 이유겠지만 저는 회사를 너무 그만두고 싶은데 당장 그만둘 수 없는 상황이고 그만둘 이유를 만들기 위해 둘째를 낳고 육아휴직을 1년 쉬면서 바보같이 사업이란 걸 해보겠다며 몸조리도 제대로 못하고 그동안 모은 거금을 홀랑 털어 아이스크림 가게를 차렸지만 정확히 지난 4월 딱 2년 만에 들인 돈 모두 홀랑 날려버리고 말았어요. 물론 이때도 신랑은 엄청나게 반대를 했지요. 그때 저는 신랑에게 돈과 함께 저에 대한 신뢰도 함께 날려 보냈어요. 사실 그전에도 아이스크림 가게에 비하면 적지만 몇 천 홀랑 날려버린 적이 있어 한번이 아니었기에 신랑은 더더욱 저를 믿지 못한 거고 그래서 지금 경매도 또 잘못된 선택이라 생각하여 경매보다는 저를 못 믿어 아주 결사 반대중이에요.

그래서 내 스스로 발목 잡아 이렇게 회사 사무실에 앉아 더더욱 그만 두지 못하고 붙어있는 중이랍니다. 두 번의 실패와 좌절을 맛보니 성격도 변하더라구요. 원래 굉장히 낙천적이고 사람 좋아하는 성격이었는데, 앞의 사건들이 있고 나서는 의기소침해지고 주눅이 들고 사람들 만나는 것도 꺼려해 지더라구요. 경매를 통해, 카페를 통해, 제인생의 새로운 전환점을 맞고자 하네요.

실전반 수업을 들으면서도 부담감이 너무 큰 것이 이번에는 절대 잘못된 선택이 아니란 걸 꼭 신랑에게 보여줘야 하는데, '이번에도 잘못되면 어쩌나'라는 생각이 머릿속에서 떠나질 않고 있네요. 사부님 말씀처럼 낙찰 받아 수익내서 눈앞에 현찰을 들이 밀어줘야 그나마 조금은 믿어주려나 그때쯤이면 함께 임장도 다니고 입찰도 다닐 수 있으려나 희망을 안고 묵묵히 경매에 빠지고 싶은데 왜 이렇게 여건이 이 모양 일까요. 아침부터 비도 오고 꿀꿀해서 그런가 신세 한탄이나 하고 있고 이 시간에 경매 물건 찾아보고 분석해도 모자랄 판인데 선배님들 보시기에 저에게도 희망의 불꽃이 보이긴 할까요?

남들보다 조금 느리지만 묵묵히 관심가지고 노력하면 꼭 좋은 결실 이룰 수 있는 날이 있다고 힘 좀 주세요. 낼모레 큰아이 학부모 상담이 있어 휴가를 낼 건데, 중앙법원에 입찰 구경 가보렵니다.

(물론 신랑은 모릅니다. 내 속을…)

그게 첫 시작이 되서 좋은 결실 맺기를 간절히 바래봅니다.

### 🖊 아침

일단 실전반 시작하셨으면 두 아비의 가르침을 백분의 일이라도 흘리지 않도록 복습하고 복습하면서 가르침대로 급한 마음 버리시고 차근차근 꾸준히 절망의 끝에서의 간절함이란 뒤돌아보면 낭떠러지라 사람을 열공하게 만들더군요. 임장하고 입찰 수없이 반복하고 아비의 가르침대로 하다보면 글쎄요. 336식구들은 낙찰 받아서 손해 보는 경우는 거의 없더이다. 빅마마님! 열공해서 경매로 새로운 전환점이 되시길… 홧팅!!!

### 소액임차

저의 경우 절망의 끝에서 한줄기 희망의 빛을 느낀 바쁘고 힘들고 환경이 따라주지 않는다 해도 조급해하지 않고 찬찬히 꾸준히 끈만 놓아버리지 않는다면 하나씩하나씩 이루어질 겁니다. 그때까지 홧팅 하시구여ㅎ

### 겨울꽃

좋은 말씀들은 이미 많이 하셨으니 제가 생각하기에는 투잡 쯤으로 생각하는 경매는 결코 혼자하지 못한다고 생각합니다. 그렇기에 저도 와이프를 어렵사리 설득했고, 입찰해준다는 얘기를 듣고서야 정식으로 시작할 수 있었습니다. 조금 시간이 걸리시더라도 남편 분을 설득하시고 시작하시는 게 설득의 변은 제가 설득한 방법 중 하나인 자금이 거의 들지 않는다는 것이 가장 좋을 듯합니다. 그리고 임장 입찰을 할 수 있도록 현실을 약간 비트심이 기운내시길 바랍니다.^^

### 빅마마

안녕하세요. 겨울꽃님 경매입문기 보고 늘 궁금했었습니다. 이런 말해도 될는지. 저희 신랑이 제가 실전팀 나가는 첫날 저한테 악담을 하더라구요. 넌 아마 '0' 하나 더 써서 집안 날려먹을 거라고 그 말 듣는 순간 됐다하고 뿌리치고 나왔거든요. 일단은 신랑보다는 친정엄마에게 대리입찰을 부탁드려볼까 생각하고 실전반 저질렀습니다. 친정엄마도 나의 사건들로 인해 지금은 사위 눈치를 좀 보시느라 대놓고 도와주지 못하시지만 늘 저의 든든한 지원군이시기에 아마 도와주시지 않을까? 살짝 기대하는 중이에요. 그리고 신랑이 악담할 때 속으로 생각했습니다. 아~

싸 '0' 하나 더 써서 말아먹지만 않음 된다는 소린가라고 저 미쳤죠?

 **雪馬(설마)**
이 글 지우지 마세요.
여러 회원들과 함께 고민을 나누는 이런 글은 다른 분들께도 도움이 되거든요.^^

낙찰 & 임대

# 절반의 성공이라고 자평 _by 버그쟁이

2013년 5월 8일에 생각지도 못하게 2건을 동시에 낙찰 받고 부담감에 1주일을 잠을 설치면서 참 많은 고민과 상상을 했다. 급기야 꿈에서 나의 대리인인 아내가 5건을 동시에 낙찰 받아 오는 악몽(?)에 시달리기도 했다. ㅋㅋ

오늘은 빌라를 진행했던 내용만 말할까 한다.

사실 아파트와는 달리 빌라는 6번 정도 패찰을 기록하고 낙찰을 받았다.

패찰이라고 하기에도 우스운 것이 2회 유찰된 가격에서 거의 최저가, 그러니까 감정가 대비 50% 미만의 입찰가였으니 맨날 꼴등이었다. 그럴 만도 한 것이 사실 보기 좋은 떡만 찾아다니다 보니 거의 아파트 수준으로 낙찰을 받아 갔다. 임장했던 결과로 그 가격이면 급매가격에 거의 근접했다.

그러다가 낙찰된 빌라는 비교적 위치도 좋았고 수요도 탄탄한 앞마당 지역이어서 디테일하게 입찰가를 산정하고 나름대로는 과감하게 베팅을 한 것이다. 결과부터 말하면 첫 경험인지라 생각하지 못했던 경우의 수가 꽤 많았다. 절반의 성공이라고 자평한다.

이래저래 글 솜씨 같은 건 없어서 낙찰 후 간략히 메모했던 일지를 통해 대신한다.

참고로 입찰가 산정에 중요한 변수였던 임대가는 2000/35이고 금리는 5%였다.

5/8
  ○ 낙찰
5/10
  ○ 임차인 대면 실패: 연락처 남김
  ○ 부동산 방문 시세조사: 2000/40 가능할 것(희망적)
5/12
  ○ 저녁 9시 임차인 먼저 연락 옴: 13일 저녁 10시 물건지 근처 카페에서 만나기로 약속
5/13
  ○ 임차인 첫 대면: 이사를 가겠다는 의사를 표시함, 집 상태가 그리 좋지 않다고 함
  ○ 이사비용: 잔금기일까지 이사하면 50만 원, 배당기일까지 이사

하면 30만 원, 배당기일 이후에는 이사비용이 없다고 확인(상호 구두로 합의)

5/14

- 임차인 부인 명의 전화번호 공개: 부동산에 집 공개를 약속(최대한 협조하겠다고 함)

5/15(매각결정 기일)

- 임차인 연락 옴: 계속 살고 싶다는 의사를 표시함(부동산 시세조사 후 계약내용 협의할 예정)
- 부동산 사장님과 물건 내부 확인: 전 소유자가 인테리어를 한 듯 보임, 빌트인 오븐과 쿡탑
- 임대료 협상: 2000/40 또는 2500/35를 제시(계약금 500만 원, 배당 후 잔금), 임차인 생각해 보겠다는 대답

5/19

- 임차인 2000/30 또는 2500/25 제시: 보증금은 잔금(대금지급기한)일 1주일 전에 주는 조건으로 2500/30 제시하여 협상 타결

5/26

- 대금지급기한일 확정: 6월 27일
- 임대계약서 작성일 협의: 6월 4일 오후 1시

6/4

- 임차인과 임대계약서 작성: 보증금 2500만 원 전액을 마련해야 하는지 몰랐다. 6월 9일까지 보증금 알아보고 연락을 준다고 함

  6/11(임차인에게 연락)

○ 임차인: 보증금 준비 중이라고 함

6/12(대출자서)

　○ 은행: 농협에서 대출

　○ 대출금: 60,000,000원

　○ 대출실행: 6월 26일

　○ 금리: 3.41(5년 고정, 이후 cofix+1.3% 6개월 변동)

　○ 중도: 매년 10% 중도 면제, 3년 1.4% 일수 차감

　○ 거치: 5년 거치(33년 상환)

6/12(임차인과 임대계약 확인, 합의)

　○ 보증금: 500만 원은 6월 20일까지, 2000만 원은 배당일

　○ 임대료: 배당일까지는 월 40만 원, 이후 월 30만 원

6/13(대출 중개인 연락)

　○ 대출금리 3.55% -> 3.75%로 상승할 것으로 예상됨

　○ 농협에서 동시에 2건의 대출을 실행하는데 1건이 처리가 완료되어야 다음 건이 처리될 수 있으며, 이후에 처리되는 건은 자서할 때에 금리를 적용받기 어렵다고 함(특판금리에 0.2% 인상예정 이라고)

6/25

　○ 임차인 보증금 중 일부(500만 원) 입금됨

6/26(대출실행, 잔금납입)

　○ 금리 3.75% -> 3.41%로 인하됨

　○ 소유권 이전등기 완료

　○ 부동산 인도명령 신청(법무사 서비스)

6/27
- ○ 배당기일 확정: 7/29 오후 2시
- ○ 임차인 배당기일 통지서 발송

6/28(주택임대차계약서 작성)
- ○ 보증금: 2500만 원
- ○ 임대료: 월 30만 원

아직은 여기까지다. 너무 간략한가? ㅎㅎ

실투자금은 없었고, 보증금을 제외한 투자금에 대한 임대수익은 약 6%다.

처음 목적은 '자기자본 없이 빌라 매입'이였고 결과(fact)는 '그 목표를 이루었다'지만 그 이면에 있는 진실(truth)은 '대출이 나를 괴롭혔고 임차인의 재계약이 아니었다면 힘들었다'이다. 덕분에 많은 공부했다. 투자금이 회수되면 더 정교하게 이기는 게임을 다시 한 번 해보려고 한다.

매매

# 왠지 아까운 맘 _by 물음표

2008년에 4천4백만 원에 낙찰 받은 오피스텔을 오늘 7천5십만 원에 넘기고 잔금까지 받았다. 계산해보니 매수한 사람도 만족할 만

6.8%의 수익률(세전)이다. 보유하고 있는 사이에 월세도 몇 만원 올랐다. 경매도 받고 임장 다니다가 급매로 사기도 해서 한때는 오피스텔이 11채였는데 모두 정리하고 5채만 남겼다. 진작 팔려는 생각은 있었지만 처음 낙찰 받은 물건이라 왠지 남의 손에 넘겨지지가 않았다.

왠지 아까운 맘?

오피스텔을 매도한 이유는 금리가 이 정도면 저금리 상태이고 매매가격도 많이 오르기도 해서지만 가장 중요한 이유는 이제 본격적으로 주거용 상품에서 상가나 공장 같은 상업용 공업용 상품으로 무게 중심을 옮겨보려고 해서다.

실전팀을 하면서 부동산 방문할 때마다 긴장해서 멈칫멈칫 했던 게 엊그제 같은데 그새 많이 컸다. ㅎㅎ

'XXX'님 강의랑 여기저기 경매 강의도 들었었고 이런저런 스터디도 했었고 책도 많이 읽었지만 수업 내용의 실용성도 탁월하고 낙찰 받고 점유자와 줄다리기 하고 마무리까지 도와주는 우리 '싸부님'들이 최고다. 이제 건강보험료 낮출 일이랑 사부님들 매도턱(?) 쏠 일이 남긴 했다. ㅎㅎ

### 🔨 방글스

네 공감되는 글입니다.
저도 오피스텔 수익률 좋고 싸게 받아 좋았으나!
세입자의 말썽에 그냥 3년 만에 팔았지만
팔고나서 후회했어요!

대출이자 11만 원, 월 고정적으로 22만 원 수익 나는 물건!
누구에게나 또 필요하신 분이 사가셨겠지요.
공감해요. 축하드립니다.

📝 **봄날**
와우!!! 정말 부러운 글입니다.
저도 언젠가는 이런 글을 쓸 거라 다짐합니다.
진심으로 축하드립니다!!

📝 **雪馬(설마)**
이제 장가갈 일만 남았네요. ㅎㅎ

## 무대포로 협박성 멘트를 날린다 _by 방글스

2014년 3월 초에 낙찰 받은 빌라 전 주인과 어렵게 연락되어 잠시 만났다.

경매 당하는 사람들은 레퍼토리가 거의 비슷비슷하다.

내가 명도하면서 힘든 거는 네 분류라 생각한다.

① 배당 한 푼 못 받는 임차인 중 세대주가 남편 사별 후 여자가 힘들게 가정경제를 책임지면서 어린 자녀까지 있는 경우다.

② 전 주인이나 세입자가 장애우 가정, 노인부부, 점술가, 조폭일

경우 등이다.

③ '패문부재'로 야반도주 상태, 연락두절일 때 집기류를 유체동산경매까지 진행해야 할 경우다.

④ 전 주인이 40~50대 여자이며, 자녀도 어느 정도 성장했으나 무조건 '모른다' '돈없다' '안나갈꺼다' 주로 하는 말이며, 대화가 안통하고 강제집행까지 가야될 경우이다.

이번 물건은 ④번에 해당하며 50대 여성가장이다.

저는 개인적으로 남자일 경우 명도가 쉽다. 그런데 이번은 여자다.

"부채가 너무 많아 배당되더라도 국세-지방세 외에 기타 압류권 때문에 한동안 괴롭힘을 심하게 당할 것입니다."

오늘 1차 협상! 당연 협상실패

이사비용을 처음에는 1천만 원에서 끝은 5백만 원을 요구했다. 집 상태도 보여주지 않으면서다. 내가 낙찰 받아도 명도 협상 시 나는 항상 대리인이다. 경매 진행된 원인이 무엇인가? 이혼한 남편 사업자금 지원 및 자기도 사업하면서 돈을 신용대출, 카드채무 등 계획 없이 사용했다고 한다. 그런데 N. Face 아웃도어 패딩으로 입고 집안 살림도 압류딱지 붙이기 싫어서 창고로 옮겨놨다고 한다. 그리고 자기 잘못은 없다고 건강보험료 등 추가압류도 될 예정이지만 파산신청도 돈이 없어서 못한다고 한다.

무조건 이사비용을 달라고 한다.

집안 사정 들어보니 사위도 있고 자녀 중 막내가 대학 3학년이다.

다 장성해서 그나마 다행이지만 그분 형부는 대구서 원룸도 가지고 있다고 그리고 형부가 법적으로 잘 안다고 한다. 뻔한내용(?) 무대포로 협박성 멘트를 날린다. 무조건 이사비용 500만 원 안주면 이사 안 간다고 알아서 하란다.

자기관리 부재에 대한 반성의 기미가 보이지 않는다. 무지 기분이 좋지 않다. 그리고 협상 장소에서 그냥 웃는 모습만 보이고, 명도협상 끝나고, 커피숍 전경에 기분이 영 꿀꿀해서 커피 맛도 제대로 즐기지도 못하고 나왔다.

여러분이 이럴 때 어떤 명도 하면 좋을까요?

## 입찰과 동시에 낙찰을 꿈꿔본다 _by 스완

오늘 드디어 처음으로 법원경매를 보고 왔다. 10시 10분쯤인가 법원에 도착을 했는데 도대체 경매가 어느 건물에서 하는지 몰라 한참 헤맸다. 서초역에서 내렸는데 완전 서초역에서는 경매법정까지는 끝에서 끝이었다.

법원을 대각선으로 가로질러 15~20분 정도 걸은 거 같았다. 참고로 경매는 4별관에서 진행된다. 표지판은 경매와 관련된 내용이 친절하게(?) 쓰여 있지 않았다. 대략적인 의미로 적어놔서 처음가면 많은 선택의 기로에 놓이게 된다. 찾는데 고생했다. 교대역이 더 가깝다. 경매가 열리는 4별관에 가장 가까운 출입구는 '아크로비스타'의 맞은편 방면에 있다. 제가 눈치는 조금 있어서 사람들이 많이 가는 곳으로 따라가니 역시나 맞게 찾았다.

하여튼 도착해서 괜히 1층 경매과에 가서 기웃기웃 거려보고 중국인들도 경매를 하는 것 같다. 중국인 2명도 봤다. 2층 법정은 생각보다 작았다. 학교 강당 느낌이다. 법정하면 왠지 엄숙할 거 같은 분위기인줄 알았는데 아니었다. 화장실이나 시설은 생각보다 낙후되어 있다. 80년대 느낌이다. 10시 40분쯤 들어갈 때는 사람이 별로 없어서 이상하다고 생각했는데 마감시간이 다가오니 법정은 가득 차기 시작했다.

설마님이 그랬는데 중앙법원이 가장 빠르게 진행된다고 했다.

사건번호 3개쯤 보고 나와서 '설마'님을 만나 이동했다. 떡볶이, 김밥, 피자, 샌드위치, 커피까지 '팍팍 쏴주시는 설마님의 센스' 덕분에 잘 먹었다.

오늘은 단지 견학 차원이었지만 꼭 다음에는 입찰과 동시에 낙찰을 꿈꿔본다.

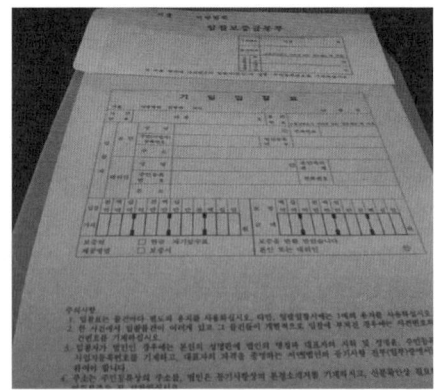

### 유닉

저도 건물 찾느라 고생 좀 했습니다. 물어~ 물어~ 찾아갔구요. 또 법정이 생각보다 작다 싶었는데요. 제일 큰 곳이라고 해서 놀랬습니다. 집행관님 목소리는 작은 건지 제 귀가 이상한 건지 잘 들어야 겠더라구요.(익숙해지면 괜찮으려나?!) 그리고 서울중앙지방법원은 처음 부른 사람이 최고가를 적은 분이더라구요.(늘~ 그런 건진 잘 모르겠네요.) 오늘은 어리버리했었는데요. 다음엔 당당히 경매인(?) 흉내를 낼 수 있을 것 같아요. 모든 건 혼자 처리했지만 주변에 동기님들이 있을 꺼라 생각하니 든든하더라구요. 마지막으로 '한방'님과 담소(?) 나누는 사이 모두 나가는데 '스완'님이 챙겨주셔서 너무 고마웠어요.

## 요즘 빌라는 ... _by 건이아빠

　서울 강서구 화곡동은 빌라의 메카라고 한다. 그만큼 빌라가 많은 곳이다. 실전팀 수업의 일환으로 빌라의 가격을 알아보기 위해 임장을 하게 되었다. 우선 경매하는 사람처럼 보이지 않기 위해 미리 말을 맞추었다. 부산에서 직장을 서울로 두 달 후에 옮겨온다는 시나리오이다. '깡님'과 한 팀을 이뤄 화곡초등학교 가까이 있는 부동산 문을 열고 들어가서 두 달 있다가 서울로 전근 오게 되어 주위 사람들의 얘기를 듣고 화곡동에 방 2개짜리 빌라를 구한다고 말했다.

부동산 사장님, 가지고 있는 물건을 부지런히 설명해 주신 후 차를 타고 빌라 4곳을 돌아봤다. 이때까지는 정말 바람직한 임장이었다. 화곡초등학교 앞의 빌라 임장을 마친 후, 까치산역 방면으로 이동하여 부동산에 들어갔다. 수업시간에 배운 2가지를 꼭 한번은 써보리라 다짐하며 부동산으로 들어갔다.

'미스리'와 '비과세'

생각보다 젊은 사장님이 우리를 반겼다.

이번에는 약간 더 큰 평수의 빌라를 알아보려고, 방 3개에 화장실 2개짜리 구한다고 했다. 사장님이 여기 지역 방은 모두 공유한다며, 컴퓨터에 글 올리며 뭔가를 계속했다. 뭔가 꼬이고 있다는 생각이 들었다. 잠시 기다리며 커피 한 잔을 마시면서 빌라에 대한 이야기를 하던 중 기회를 포착하고 부동산 사장님에 물어보았다.

"비과세되나요?"

젊은 부동산 사장님은 잠시 생각하더니,

"요즘 빌라는 비가 많이 와도, 비 세지는 않습니다."

한다. ㅜㅜ

부산 사투리가 있어 "비가 세나요?"로 잘못 알아들었나 본다.

제가 고향이 부산이지만 여기 경기도로 올라온 지 10년 가까이 되어 나름 지역언어(?)에 익숙한데, 아직은 아닌 가 본다. 좀 더 표준말 연습을 해야겠다. ^^

# 아휴! 미쳐버릴 것 같았다 _by 깡님

며칠 전부터 관심을 두고 있던 물건이 오늘 입찰일이다. 임장과 분석을 나름대로 해서 오늘 입찰에 임했다. 첫 번째 입찰 때 집행관이 많은 사람으로 인하여 지연됨으로 마감시간을 11시 10분으로 변경한다고 공고하여 마음이 다른 때보다 급했다.

도착해보니 11시 5분, 빛의 속도로 뛰었더니 폐병 걸린 사람처럼 쿨럭쿨럭 여유분으로 입찰봉투, 용지, 돈봉투를 미리 써가서 돈만 찾아 봉투에 담아 접수대로 갔다. 캑캑거리며 몇 시죠? 시간이 넘었냐고 캑캑댔더니 표정이 음산해하며 빨리빨리 다니세요, 집행관이 쪼금 무서웠다. 땀을 씻고 둘러보니 빈자리가 하나도 없었다. 사람들이 정말로 많았다. 내 차례를 기다리며 서서 한참을 응시하고 있었다. 드디어 내 차례다.

"이 물건의 응찰자는 모두 나오세요."

어슬렁어슬렁 또는 슬금슬금 모두 일곱 명이었다.

"흐미~ 많구나 에그 또 패찰이겠군만…."

집행관 옆에서 도와주는 도우미 남자가 말했다.

"앞쪽으로 다들 나오세요."

나는 그 틈을 타서 훑어보니 최고액만 빼놓고 옆으로 묶어 밀어놓고 낙찰자만 호명했다.

최고가 낙찰금액: 152,100,000원

에구에구! 나는: 151,200,000원(2등)

900,000원 차액으로 또 패찰!! 저번에는 499,000원 차액으로 (2등)패찰!!

금방 다될 것 같았는데 아휴! 미쳐버릴 것 같았다.

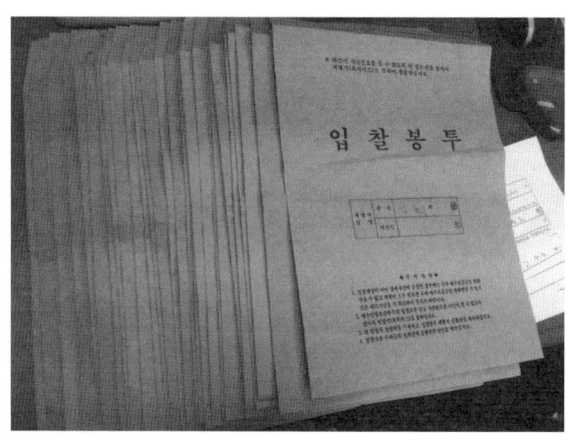

이리도 사람 애간장만 태우고, 우리 '설마'님은 200번 패찰에 9번 낙찰!!!

그랬다고 했지 머릿속 마음속을 마구 마_구 훈육을 했다. 위로도 하고 그래 낙찰될 때까지 이 악물고 잘해보자 ~~ 주문을 외고 또 외고 인내심 테스트하는 거 같았다. 마음을 가다듬고 주민등록증과 보증금 봉투를 본인 확인과 동시에 그 자리에서 나누어 주길래 돈은 바로 입금하고 '걍! 쿨하게' 돌아왔다.

# 생각은 가깝고 법은 멀다 _by 가나다라

먼저 저는 2014년 3월에 아파트 2채를 같은 날에 낙찰을 받았다. 1건은 저 혼자서, 1건은 공동투자로 진행했는데, 19일 강제집행한 것은 공동투자로 진행되었던 건이다.

**3월 중순-낙찰**
**4월 30일-잔금 납부 및 인도 명령**
**6월 02일-원래 이사 나가기로 한날**
**6월 03일-계고(戒告)**
**6월 19일-강제집행**

낙찰 받고, 쭉~ 명도 진행을 하다가 잔금 후 한 달 내로 이사 가기로 했던 것이 첫 번째 합의였는데, 그 합의가 이행되지 않았다. 알고 봤더니, 저랑 합의한 사람은 채무자 겸 소유자인데, 그 사람은 현재 그 집에 살고 있는 아내와 별거 중이라서 실제 거주는 그 아내가 한다는 것이었다. 물론 그쪽 이야기니 거짓인지 진짜인지 알 수는 없지만, 합의한 남편은 연락이 안 되고, 아내란 사람은 흥분하면서 집을 비워주지 못하겠다고 으름장을 놓았다. 또 이사비용을 500만 원을 내놓아야 생각해 볼 수 있다고 덧붙였다.

그런데 그 당시 인도 명령은 이미 나왔고, 송달까지 되었던 상황이라 차분하게 대응을 했었지만, 그 오빠의 아내란 사람이 자꾸 옆에서 바람을 넣는 바람에 아마 강제집행까지 가지 않았나 생각이 된다. 그의 오빠가 강제집행 그렇게 쉽게 되는 것 아니다. 강제집행을 하려면 500만 원이 소요된다. 설령 집행하더라도 집에 사람이 없으면 돌아가야 하고, 그것이 3번 이상 되어야 문을 열고 들어오는 것이며, 한 번 안 될 때마다 한 달 이상씩 밀린다.

이런 식으로 옆에서 바람을 넣어주니 그 오빠의 아내 그러니까 올케가 기세등등하여 협상이 이루어지지 않았다. 개인적으로 이런 부분에서 반성하는 점이, 상대방이 잘못 알고 있는 점이 있으면 정확한 정보를 알려주어 상대방의 생각을 깨드려야 한다는 점이다. 최대한 싸우지 않게, 언성높이지 않게, 진행을 하려하다보니 상대방이 잘못 알고 있는 점을 말해도, 소용이 없었다. 어떤 말을 해도 듣질 않았다. 그래서 협상 자체가 어려워졌다.

아무튼 협의가 안 되다가, 마지막에 치명타를 맞았다. 집에 '빨간딱지'가 붙여졌다. 그러다보니 이사를 가고 싶어도 못가는 상황으로 돌변했다. 이리저리 알아봤는데 뾰족한 정보가 없었다.

자문과 궁리 끝에 여러 가지를 경험했다. '유체동산압류'가 먼저 걸려 있고, 이런 상황에서 명도를 할 때는 두 가지 방향으로 나가야 한다는 것을 알았다.

1️⃣ 빨간딱지에 붙여져 있는 사건번호 등을 토대로 채권자를 파악하거나 점유자에게 채권의 전화번호를 알아내어 연락하고 잔금 기

일 후 또는 날짜를 정해서 이 시간 이후로는 소유자인 나한테 압류한 동산들에 대한 보관료를 지불해야 하니, 처리를 빨리 부탁한다는 통보를 하고, '동산경매일정'을 빨리 진행하게 하여 명도 전 깔끔히 끝내는 것이다.

(물론 여기서 보관료 이야기는 지금 내가 그냥 생각한 것이고, 실제로 이렇게 되는지는 모르겠다. 요점은 합의를 하여 압류물 자체를 빨리 없애는 것이다.)

2 점유자와 이사 협의를 잘하여 날짜를 잡고, 그 안에 압류물의 이전 신고를 하여, 빨간딱지를 붙인 짐을 옮길 수 있게 허가를 맡는 것이다. 신청은 채무자가 해야 되는데, 위임장을 첨부하면 대리인이 할 수도 있다고는 한다. 여기까지는 경험하지 못해 실무상 절차는 잘 모르겠다. 그런데 이 점유자가 채권자 연락처도 모르고, 빨간딱지도 사진을 찍어 보내달라고 했는데도, 보내주지 않았다. (추후 빨간딱지를 찍어 보내왔으나 글자를 전혀 알아볼 수가 없었다.) 그래서 강제집행을 하기로 했다. 참고로 압류가 걸려있는 동산이 있을 경우 강제집행이 '되고, 안 되고'는 집행관마다 조금씩 다르다고 하였다.

이 경우는 압류가 걸려 있어도, 강제집행이 가능하다는 답변을 얻었고, 실제로 진행될 때는 압류가 걸려 있는 것은 맞았으나 강제집행 시에는 압류가 해제되어 아무런 문제가 없었다.

그러나 이런 것은 이 경우의 일이고 집행관마다 다르다고 하니, 이런 일이 있을 때에는 집행관 사무실에 연락하여 절차를 알아봐야 한다.

(여기저기 알아본 결과 ①저처럼 상관없이 집행된다. ②빨간딱지 붙은 것은 빼고 집행된다. ③모두 집행은 되나 빨간딱지 붙은 것은 따로 컨테이너를 잡아야 된다. 즉 실질적으로 비용이 추가된다. ④ 기타)

최후까지 협상을 하려고 했으나 암튼 안 되어 19일 강제집행을 하게 되었는데, 절차에 대해 간단히 설명하면, 〈잔금납부후인도명령신청〉-〈송달〉-〈부동산강제집행신청〉-〈계고〉-〈집행〉-〈유체동산경매〉 순으로 진행한다.

아침에 도착하여 증인 2명 모두 도착하면 열쇠아저씨가 강제로 문을 따는 것으로부터 시작이 된다. 들어가서 점유자가 미리 비싼 것 놓고 간 것이 있나 없나 증인(낙찰자가 불러야함)들이 사진을 찍고 서랍 등을 모두 뒤져서 문제가 없을 경우 인부들이 짐을 끄집어내기 시작한다. 짐이 많지는 않아서 1시간 30분 정도 시간이 흐른 후 절차가 마무리되고, 저는 열쇠를 바꾸고, 청소를 했다.

**비용산출**(전용 85$m^2$, 짐은 보통)
○ 잔금 시 인도명령 신청: 법무사가 무료로 해줌
○ 부동산 강제집행 신청 시(계고예납금): 약 8만 원
○ 계고 시에 문을 여는 비용: 10만 원
○ 실제 집행신청(예납금): 약 110만 원
○ 창고보관비용 및 짐 이동비용 등등(컨테이너 2개* 3개월분) = 220만 원, 1개는 110만 원이고, 3개월분은 무조건 선납이고, 더 빨리

빼면 돈은 돌려준다.

○ 문 여는 비용: 10만 원

○ 열쇠 교체비용: 3만 원

*** 총비용: 361만 원**

이렇게 되었고, 지금은 청소 후 부동산에 내놓고, '유체동산경매'를 알아보고 있다. '유체동산경매'의 절차는 먼저 강제집행 후 10일(15일인가) 후에 집행관 사무실을 통해서 신청할 수 있다고 하는데, 준비물은 채무자 겸 소유자(즉 동산의 주인)한테 짐 찾아 가라는 등등의 내용증명(3통)과 주민등록초본 3통이다. 초본 발급은 집행관 사무실에서 알려준다고 했다.

내용증명은 송달이 완료되지 않고, 발송으로만 충분하다고 하며, 이사 간 집을 모를 경우 초본에 나오는 주소로 보내고 그 최종주소가 제가 명도한 집이라면 그 명도한 집으로 내용증명을 보내면 된다고 한다.

### 지니99
강제집행한 집이요. 몇 평이셨는지…
지금 강제집행 신청은 했는데. 두근두근 합니다.
답변이 절실합니다. ㅠㅠ

### 가나다라
내용에 나와 있다시피 전용면적 85㎡입니다. 실제평수 25평, 흔히 말하는 분양평수는 32평형이구요. 참고로 예납 비용은 제 개인적인 생각으로는 인부가 몇 명인지에 따라 다른 것 같고, 창고 비용은 짐이 얼마나 많은가에 비례합니다. 평수가 작더라도 짐이 많으면 컨테이너박스를 많이 사용하기에 비용이 많고, 짐이 별로 없다면 컨테이너박스를 조금 사용하여 비용이 많이 절감될 듯합니다. 저 같은 경우 소유자가 일부 짐을 뺐음에도 불구하고 컨테이너 두 개분이 들어서 220만 원이 산출된 건데, 짐이 별로 없다면 예납 비용도 조금이고, 컨테이너도 한 개만 쓰면 총비용이 200만 원정도(법원비용, 보관비용 모두 포함)충분하지 않을까 생각됩니다.

**지니99**

'가나다라'님 저는 44평형입니다.
짐은 큰 것보다 잡동사니가 많아 보이긴 했습니다만…
예납 비용은 '가나다라'님 보다 많이 냈네요.
약간요 ㅋㅋ
저도 좋게! 좋게! 이사비용 주고 보냈음 합니다. ㅠㅠ

# 하루 만에 명도가 끝남 _by 겨울꽃

떵동! 떵동!
"……"

K씨는 경비실로 발걸음을 옮긴다. 속에선 뭔가 치밀어 오르는 희열을 느낀다.

'나한테도 이런 일이 생기는구나'

"저 507호에 아무도 안계신가요?"

"저희는 잘 모르는데요."

"확인할 수 없나요."

경비 아저씨가 관리명부를 뒤적인다.

"계신 걸로 나오는데요."

옆에서 K씨가 같이 훑어보며 이름과 전화번호를 외운다. 다음날 K씨는 관리사무실로 전화를 한다.

"관리사무실이져?"

"네…"

"혹시 507호 체납 관리비 있나요?"

"누구시죠?"

"경매 낙찰자입니다."

"잠시만 … 팔만사천OOO원 미납이네요."

"그래요 … 주인 연락처 알 수 없나요?"

"아~ 507호 경매 중이라고 메모되어 있네요."

"주인은 5월에 이사를 나가셨고, 미납분은 차후에 정산을 하신다네요."

"주인이 5월에 이사를 나가셨다고요?"

"네"

"주인 전화번호가 …"

어제 외웠던 전화번호와 같다. 이름은 돌아가신 분인데 전화번호는 새로운 소유주 번혼가?

'댓싸부'님 … 이러쿵저러쿵한다.

"하하 명도 쉬울 거 같아요. 집주인이 아예 포기한 거 같은데 일단 집주인 연락처 수배가 우선이고요. 통화되면 열쇠를 달라고 하세요. 미납 관리비 우리가 낸다고 하면서 얘기해도 되고요."

~~~

~~~

"안녕하세요. 507호 주인 분이시죠?"

"누구세요?"

"경매 낙찰자입니다."

"벌써 낙찰되었나요?"

"네…"

"언제요?"

"어제 22일이요."

"이사는 가셨다고 하던데 집이 비어 있나요?"

"네"

"제가 들어가 봐야하는데 열쇠 좀 주셨으면…."

"비밀번호에요."

"그럼 비밀번호가?"

"OOOOOO이요."

"아 네… 집에 한번 안 오시나요?"

"제가 가야하나요?"

"아뇨 뭐… 혹시 집에 짐이 있을지 모르니까…."

"하나도 없어요. 알아서 하세요."

"알겠습니다."

그날 저녁 K씨는 Y씨와 함께 물건지로 향했다. 공실임을 확인한 K씨는 사진 몇 장 찍은 후 현관문 비번을 변경했다.

'ㅎㅎ 하루 만에 명도가 끝났다. 이런 경우도 있구나 완전 보너스'

### 아침
겨울꽃님의 꼼꼼하심이 그대로 보이네요.
얼마나 고심하고 고심해서 고른 물건인지 훤히 보이네요.
완전 보너스 명도도 대박~ 축하드려요^^

### weeping cross
엄마야 저보다 더 거저로 드신 거예욧?
ㅎㅎ 와우 축하드려요~

### 씨구씨구
열심히 하신 노력으로 낙찰도 되시고~~
명도는 쿨~하게 자동으로…
전생에 나라를 구하신 게 틀림없어!!

> 명도

# 느긋한 마음을 먹으면 편하다 _by 강혁

명도하다 보면 별별 일이 다 생기지만 이번에는 정말 편하게 명도를 했다. 물론 이사비용 100만 원이 들었지만 사실 처음은 소액 임차인이라서 이사비용을 주지 않으려고 했다.

1년 전, 낙찰을 받은 집으로 이사를 하고 '사려면 사고 말려면 말아라'라는 심정으로 시세보다 1천5백만 원 정도를 높게 매물로 내놓았다. 비싸게 내 놓은 집이라서 별로 기대를 하지 않았는데, 갑자기 매수자가 나타났다.

왜, '지금 이 가격일까'하는 마음이었지만 알고 보니 우리 아파트 단지에 급매가 모두 소진되었고 남향은 우리 집만 남아 있는 상태였다. 옆 동에 전세로 살던 사람이 이사는 가기 싫은데 집주인이 전세를 올려서 그냥 같은 아파트 단지의 남향을 찾고 있었다. 그래서 매주인은 따로 있다고 하나 보다.

──── 각설하고

2013년 6월 27일 낙찰을 받았다. 그리고 7월 4일 서류를 확인하고 7월 5일 전화를 걸었으며, 7월 13일 1차로 방문을 했다. 어차피 월세로 소액 임차인이고 배당 기일도 두 달가량 있으니 여유로웠다. 이런 저런 이야기를 나누다가 소액 임차인이라서 이사비용 지급할 생각이 없다고 말했다. 다만 저희가 8월 20일 이사를 해야 한다. 배당 기일이 8월 말에서 9월 초로 잡힐 것 같다. 그래서 8월 9일 내로 이사를 나가면 이사 보관을 하지 안 해도 된다. 알아보니 보관료가 30만 원 정도 든다.

*1차 방문

"8월 9일 이전에 이사를 하시면 이사비용 50만 원을 드리겠습니다."

임차인은 말도 안 된다며, 펄쩍펄쩍 뛰면서 말했다.

"평수가 넓은 집이라서 알아봤더니, 족히 1천만 원은 받을 수 있다고 합니다."

저는 엄청 놀라는 척 과감한 액션을 취한 후에 "애 천만 원이요?"라고 되물었다. 옆에 앉은 우리 싸모님(?)은 집도 싸게 사놓고 빡빡하게 그러냐며 귓속말을 한다.

"아니 이렇게 넓은 집에서 1년 가까이 월세도 안 내시고 오히려 천만 원가량 이득을 보신 분들이 저에게 왜 그러세요."

쐐기를 박자는 심사로 건드렸다. 그리고 한동안 침묵이 흘렀다.

이후에 이런저런 이야기… 그런데 여기에서 반전이 있었다. 알고 보니 이분들 제가 낙찰되기 일주일 전 옆 동에 낙찰을 받아 놓았다. 세입자가 근무하는 곳 옆에 경매를 잘하는 사람에게 돈을 주기로 하고 옆 동에 낙찰을 받아 놨다. 바빠서 소유자에게 전화는 물론 찾아가보지도 안했다. 그리고 서류를 보여 주면서 물었다.

"어떡하면 좋아요?"

엥? 명도 때문에 만난 사람에게 경매 상담사로 바뀐 기분이다.

"소유주가 거주하고 있으며 세대 열람에 근저당 위로 1명이 있다는 혹시 이분 알아요?"

"소유주 남편 일걸요?"

에~휴 우선 설명을 드렸다. 만약 남편이 맞으면 다행이지만 남편이 아니라면? 그리고 남편이라도 이혼하고 임대차 서류 주면서 "돈

주세요?"하면요. 우선 법원에 가서 서류 열람을 먼저 하라고 했다.

이분 서류 열람이 뭐냐고 물으시네요?

헐~~~~~~~~~~

차근차근 설명을 했다. 어디 어디 가서 서류 열람을 하고 필요 서류는 복사를 하고 지금도 늦었으니 빨리 찾아가야 한다고….

이분 그럼 이 사람들한테는 이사비용을 얼마를 주어야 되냐고 물어본다.

그래서 최소 3~5백만 원은 주어야 한다고 대답을 했다. 낙찰된 평수가 55평이다.

"당신은 나한테 이사비용을 안 준다면서 왜 이 사람에게는 그렇게 주라고 하냐고…."

무척이나 화난 목소리다.

다시 차근차근 설명을 했다.

"선생님은 최우선 변제 비용이 2천만 원이 있습니다. 만약 기간 내로 이사를 가지 않으시면 2천만 원의 배당은 받지 못합니다. 그리고 저는 공탁을 걸 것이며 강제집행까지 간다면 그 변제 비용에서 공제합니다. 물론 그 기간의 월세도 청구합니다. 그러니 저한테 손해는 없습니다. 그러나 선생님이 낙찰을 받은 곳은 소유주입니다. 소유주가 망해서 나가는대 무슨 공탁을 걸 돈이 있겠습니까? 선생님이 강제집행 비용 및 제반 비용을 다 내야합니다. 그래서 그 금액 내에서 이사비용을 책정하라는 뜻입니다."

나의 1차 명도에 대한 면담은 상담(?)으로 끝났다.

1주일 후인 월요일 전화가 왔다.

"서류 확인해보니 남편이 맞다…."
그래서 전화로 이런저런 조언을 했다.

**\*2차 방문**

나의 2차 명도에 대한 면담을 위해 방문했다.

1차 때와는 사뭇 대하는 것이 달랐다. 그동안 조언의 힘인지 집에 들어서자 음료수 10여개가 나왔다. 입맛대로 먹으란다.^^—^^

그런데 여기서 또 반전이 시작되었다.

낙찰을 받은 집에 가보니 사정이 너무 딱하고, 울며 매달려서 6백만 원을 주기로 했다고 한다. 또 관리비 1백50만 원 밀린 것 자기가 주기로 했고 그리고 경매 컨설팅에게 1백50만 원 주기로 했다고 한다. 자기가 거의 9백만 원을 주기로 했으니 저한테 이사비용을 더 달라고 했다.

씨알이 먹히지 않는 말을 해서 "그럼 배당 기일까지 사세요." 내가 왜 돈을 더 주어야 하느냐 이런 저런 이야기를 한 이후 나왔다.

**\*3차 방문**

자기가 생각해도 너무 많이 주는 것 같다. 그런데 자기는 배당 기일 이전에 이사를 가면 50만 원이라니 너무 적다 100만 원을 달라고 그러면 이사를 간다고 한다.

그래서 생각해 보겠다고 했다.

사실! 여기서 제가 이사 보관하고 이사를 두 번 생각하면 150만 원 정도 들기에 100만 원에 합의를 보았다. 물론 주지 않아도 되지만 저도 무조건 그 안에 이사를 해야 하기에 생각해서 주는 척(?) 억지로 주는 척(?) 했다.

중간에 저보고 자기가 받은 집에 명도 하러 같이 가자고 해서 컨설팅 비용을 주면 가겠다고 전문가 인척(?) 이런저런 조언 그리고 관리비를 적게 내는 방법 등등 말하며 주도권을 한 번도 뺐기지 않고 저에게 가져오므로 아주 쉬운 명도(?)가 됐다.

언제나 느끼는 것이지만 명도는 주도권 싸움 느긋한 마음을 먹으면 편하다.

싸울 일이 없잖아요? ^^

이제 이사를 간다. 배당 기일 한 달 남았는데… ^^

### 아잣
소액 임차인을 능숙하게 다루시네요.
명도 축하드려요~!

### 천띠기
저는 대인관계가 서툴러서 언제나
저런 명도를 해보나
부럽기만 합니다.
제 코가 석 자네요.
저는 아직 명도인 얼굴도 못보고 있으니…

# 실습차 입찰한 물건이 덜컥 _by 선형

2013년 8월 6일, 아내와 함께 법원에 우리끼리 입찰 실습을 나갔다가 낙찰이 되었다. 아침에 비가 추적추적 와서 그냥 다음에 실습할까 생각했다. 비가 와서 나가기가 귀찮았다. 작고 허름한 낡은 빌라를 본 것이 있다. 그냥 실습이나 한 번 해보자는 생각으로 주섬주섬 옷 차려 입고 나갔다. 법원에 도착했다.

처음에 주차장에 차를 대지 못해서 놀랐고,

두 번째는 경매 법정 안에 사람들이 많은 것에 놀랐다.

진짜 경매가 대중화가 된 것이 맞은 거 같았다.

최저가 22,400,000원인 물건이었고 원래 최저가 입찰을 생각했는데 막상 경매 법원에 가니 욕심이 좀 났다. 아내와 상의 후 떨어져도 또는 낙찰이 되어도 후회가 없는 가격 24,510,000원 적었다.

(사실 전날 밤 꽤 오랜 시간 고민하여 제 나름대로 생각해 둔 금액이다.)

입찰함에 넣을 때 만약 나를 포함 3명 이내이면 가능성이 있다고 생각했다.

마감이 되고 각 사건별로 응찰 인원을 발표했다.

딸랑 2명 들어온 것이다. 나 포함해서….

왠지 굉장한 불안감이 밀려들었다. 이거 낙찰되면 어떡하나. 그러면 큰일인데, 이윽고 각 사건별로 최고차 매수인을 발표하고 드디어 내 차례가 되었다.

나랑 어떤 나이 많으신 어르신 한 분.

내 이름이 호명되었을 때 좋기보다는 마구마구 걱정이 되었다.

이거 괜히 장난치다 실수한 것 같기도 하구.

그렇게 어이없게 낙찰되고.

1주일 후 매각 허가 결정.

다시 1주일 후 매각 확정 결정.

오늘 채무자 어머니 만나고 왔다.

주저리주저리… 여러 사정 얘기들. 다 들어주고 다음 주에 이사 날짜 정하기로 했다. 이야기하면서 살펴본 집 내부는 전용 11평, 방 2개, 20년 정도 된 빌라다. 안방에 환기가 안돼서 생긴 곰팡이 이외에는 관리를 안 해서 그렇지 꾸미면 예쁘게 보일 집인 거 같았다. 부동산에 알아본 임대 시세는(아직 매매는 생각하지 않고 있음) 월세 500-30원 정도라고 말해주었다.

아! 이런 그지(?)같은 집도 월세 30원 정도는 받나 보구나.

(물론 입찰 전 시세를 조사했다.)

대출은 2100(90%) 해준다는 곳과 1900(80%) 해준다는 곳이 있다.
결정에 신중해야겠다.
어차피 은행이자야 7~8만 원 사이이니.
보증금 적당히 조율하면 어쩌면 무피투자(?)가 될지도 모르겠다.
첫걸음마치고는 나쁘지 않다고 나름 위안하고 명도 게임을 즐기려한다.
스터디 단 1회만 듣고서 무작정 저질러 버렸지만
지식과 지혜와 용기를 준 자상한 우리 싸부님(?)이 아니었으면 아마 불가능했을 거 같다.

_개산概算_
입찰가: 2451.0
비용: 196
총비용: 2647
세(보/차/환): 500/30/3500

경락대출: 1715
경락이자: 120
월이자: 10

실투자금: 431
연수익: 239
월수익: 19
예상수익률: 55.612453057629

# 입찰 패찰을 반복하다 낙찰 _by 아잣

**1**

경매 공부를 시작한 지 6개월 정도 지났을 때에 같이 공부를 시작한 ㅇㅇㅇ씨, ㅇㅇㅇ님들은 첫 낙찰을 받자 축하하고 그때서야 굼벵이마냥 입찰을 해봐야겠다는 마음을 먹고 시작한 입찰이었다.

입찰을 위해 검색을 하여 후보들을 뽑고, 임장을 가고 분석하고 입찰가를 쓰는 것이 열 번이 넘었다. "이거 정말 되는 것 맞아?"라는 회의감과 함께 다른 방법이 따로 있는 것이 아닌지 궁금해지기 시작했다.

이쯤에 내 안의 또 다른 내가 슬슬 고가 입찰도 괜찮은 것 아냐? 별별 유혹이 시작되고 있었다.

내가 직장에 근무하는 관계로 아내를 동원하여 입찰을 주로 맡기곤 했다.

(입찰가는 내가 직접 적어줬지만…)

여러 번 허탕을 친 아내가 "너무 적게 쓴 거 아냐?"라고 말할 때는 계산기를 수없이 두드렸다. 이 시나리오, 저 시나리오를 적용해 보는 것으로만 만족했다. 이때쯤 함께 공부하는 선 낙찰자들의 모임에서 선배고수(?)님들의 조언을 귀담아 듣고 다시 힘을 내어 입찰 반복 또 시작 그리고 다시 준비….

패찰이 연속적으로 이어지는 가운데 아는 사람들의 낙찰 소식을 접할 때마다 고가 입찰의 유혹에 하루에도 여러 번 마음이 바뀌고 또 바뀌었다. '내가 입찰할 수 있을까'라는 의문이 내 몸에서 꿈틀거리기도 했다. 패찰 횟수가 20번을 넘겼다.

이렇게 반복하던 중에 청계산 산행 모임에서 들은 말이다.

"잘하고 있습니다. 꾸준히 초심을 잃지 말고 지속하는 것이 중요합니다."

이 말을 듣고 다시 용기를 얻어 고가 입찰 유혹을 이기고 원칙대로 하자 안 되면 그동안 임장으로 내공을 다지는 것이다. 절대로 다른 마음은 먹지 않기로 결심을 하고 반복으로 연속으로 이어졌다.

그러던 중 내가 직접 입찰을 하기 위해 아예 휴가를 내어 마음을 비우고 책하나 들고 입찰 물건이 많은 인천법원으로 향했다. 모든 것을 마치고 책을 읽고 있는데 갑자기 집행관이 내 이름을 불렀다. 너무 당황스러웠다. 아니 깜짝 놀랐다는 표현이 맞다. 그래서 어떻게 할 줄을 몰라서 안절부절 못했다. 한동안 명한 상태이다가 정신을 가다듬고 진짜 입찰된 것인가 확인을 하고 또 확인을 했다. 진짜였다. 나의 첫 입찰이…

정신을 차리고 2등과의 입찰가 차이를 확인하고 '내가 너무 많이 썼나'라는 생각이 들었다. 사람의 욕심은 참 무섭다는 생각이 들었다.

아직은 갈 길이 멀다. 명도와 매도까지 해야 할 일이 많다.

그렇지만 나도 경매의 스타트 선상에서 시작할 수 있는 생각이 나를 기쁘게 했다.

## 2

첫 낙찰을 받은 지는 어언 6개월, 그 낙찰 받은 물건의 매도를 끝낸 지 어언 2달 (요새 광속 명도·매도하는 사람들에 비하면 느린 거북이걸음) 그동안 아내를 나의 입찰 분신으로 삼아 신나게 패찰 퍼레이드를 이어 나가던 중

드디어 오늘 2번째 낙찰 소식을 들었다.

회사에서 회의 중에 아내에게 온 카톡

영. 수. 증 받았어

처음에는 별 뜻 없이 카톡을 닫고 회의 내용에 집중하다가

문득 갑자기 정신이 들어 다시 카톡 확인 영. 수. 증??

그럼 낙찰인거야 하고 묻고

쉬는 시간에 잠시 빠져나와 스마트폰으로 낙찰을 확인한 후

아내에게 장하다 수고했다 등의 나름의 기쁨 표현 메시지를 날렸다.

첫 번째 낙찰은 내가 직접 받아서

이젠 아내도 낙찰의 기쁨을 직접 경험하여 알게 되었다는 것이 무척 기쁘다.

그동안 숱하게 패찰을 해서 아내도 거의 기대를 않았고

더더군다나 오늘 경매 입찰장에 늦게 도착하여 거의 마감시간 1분 전에 입찰함에 입찰 봉투를 부랴부랴 냈다고 한다.

나보다는 아내가 경매 입찰장에 주로 갔기 때문에 그 수고에 대한 보람을 이제 조금은 찾은 것 같다.

(물론 수익으로 연결이 되어야 하겠지만)

마음이 좋았다.

첫 번째 사이클을 한 번 돌리고 나니 이제 명도에 대한 두려움도 조금은 줄어들었다. 과연 어떤 점유자가 나를 기다리고 있을까 뚜껑 열기 전의 긴장감이 온몸을 감싼다.

> 싸부님 한 말씀!!
> "될 때까지 계속 입찰 패찰을 반복하다보면 낙찰은 옵니다."
> '될 때까지'를 숱하게 되뇌었다.
> 정말 신기하게도 20번을 넘기고 나니 낙찰이 찾아왔다.

## 쌍둥이를 낙찰 받고 나니 _by 케이에스알

A법원에서 3번, B법원에서 2번 패찰이 되고 나니 처음에는 마냥 입찰하는 것이 신기하기만 했지만 이제는 낙찰을 받고 싶은 욕심이 서서히 생기기 시작했다. 그래서 주중에는 시간이 나는 대로 임장을 다니고 주말에는 그동안의 낙찰 내용과 입찰 예정 물건을 하루 종일 보고 또 보면서 나름대로 임장할 물건들을 추려내기 시작했다. 그런데 신기하게도 처음에는 기준이 없어보이던 것이 서서히 나름대로의 규칙이 생기기 시작했다. 그래서 어제는 파일을 다시 정리

하면서 입찰할 물건 3건을 추렸다.

오늘 입찰할 장소는 처음 가는 다소 생소한 C법원이었다. 그래서 새벽 5시에 일어나 이것저것 준비하면서 우선 입찰가를 다시 정했다. 어제만 해도 최저가에 입찰해서 낙찰이 되면 다행이고 안 되면 이번 달 말에 준비 중인 것에 다시 도전하겠다는 마음으로 가닥을 잡고 있었다. 그런데 순간 생각이 바꿨다. 오늘은 입찰할 사람이 많지 않을 것이란 생각이 들어 최저가에서 1천만 원씩 올려보자는 마음이 생겼다. 그러고는 아침 일찍 다시 한 번 물건을 보러 갔다. 빌라 2건 아파트 1건 모두 역시 마음에 들어서 3건 모두 입찰하기로 마음을 정했다.

아침에 회사에서 회의가 있어 회의를 마치고 부랴부랴 은행에서 입찰 보증금을 찾은 다음 C법원으로 향했다. 지난번 주차 때문에 홍역을 치른 적이 있어 이번에는 지하철을 타고 갔다. 지하철에서 입찰 물건도 다시 한 번 검토하고 마음을 가다듬었다.

**경매법정에 들어서니 10:30**
**몇 시까지죠? 11:15까지**

3건을 입찰하니 입찰서 작성하는 것도 30분 넘게 걸렸다. 입찰서를 제출하고 잠깐 휴식을 취하는데 또다시 '잘한 걸까?' 하는 마음이 생긴다. 만약 3건이 모두 낙찰되면 돈은 어떻게 준비한다? 이런 생각도 들었다. 그래서 심호흡을 크게 하고 경매장으로 들어갔다.

내 것은 네 번째와 아홉 번째 순서였다. 첫 번째는 전답 경매인데 감정가 29억, 최저가 15억이고 단독 낙찰 받았는데 25억 원에 받아서 속이 좀 쓰렸을 듯…

드디어 내 차례

4명이 입찰에 응했다. 나는 2억 8천만 원인데 3억 원을 넘는 사람이 3명 전부였다. 최고가 3억 5천만 원에 낙찰되었다. 아니 그렇게 높게? 그런 정도는 아닌데… 하면서 다음 순서를 기다렸다.

드디어 빌라 차례이다.

3건이 같이 나온 거라 순서대로 불렀다.

1번 물건 입찰한 사람 나를 포함 2명이었다. 가격은 내가 5백만 원 더 많았던 것 같다. 여하튼 낙찰이 되었다. 너무 기뻤다. 그동안 빠지지 않고 교육받은 것에 대한 보답인 같다. 영수증을 받으라는 소리에 다시 경매에 집중하면서 그렇게 줄서서 기다리는데 2번 물건 입찰한 사람 나오라고 했다. 아무도 나오지 않았다. 그럼 단독? 그래서 또 하나 낙찰이었다. 어안이 벙벙했다. 3번 물건은 다른 사람이 낙찰되었다. 사실은 3번도 입찰하려다 말았었는데 그것도 입찰했더라면…. 이렇게 하나도 아닌 쌍둥이를 낙찰을 받고 나니 어리둥절하고 멍청해져 버린 것도 같고 꿈을 꾸는 기분이었다.

> **하늘세상**
> 이야~~~
> 쌍둥이 키우시려면 고생 좀 하시겠네요. ㅎㅎ
> 그래도 효도 많이 할 거예요.^^

### 📖 아침

쌍둥이.
키우기가 힘들지 키우고 나면 기쁨 두 배잖아요.
잔금은 어쨌건 막게 되어있더군요.
잘 해결될 거예요.
진심 축하드리고, 홧팅!!!

### 📖 팅팅

ㅠㅠ 어느 세월에~?
전 욕심없이 서두르지 않고 천천히 하려구요.
설마님이 물건 찍어주면 뭐 냉큼 하긴 하겠지만
말이라도 감사 드리구요.
전 낙찰되면 동네방네 소문낼 가벼운뇨자사람임ㅋ

## 소유주와 너무 친해지지 마세요 _by 낙찰자

7월 2일 낙찰을 받고 그동안 친해진 관리실 직원에게 전화해서 소유자 전화번호를 받고 7월 3일 첫 번째 통화 시도를 했다. 안 받는다.

7월 6일 토요일 근무를 마치고 동행해준 A씨, B씨와 함께 낙찰 받은 집 앞에서 통화를 시도했으나 실패다. 그래서 집으로 올라가보니 불도 꺼져 있고 초인종을 눌러도 아무 반응이 없었다.

그래서 일단 근처 당구장으로 철수를 하고 그 뒤로 몇 번 더 연락 후에 연결이 되었다.

"**아파트 **호 주인 맞으시죠?"

"…"

"저는 낙찰 받은 사람인데 집상태도 봐야하고 이사 계획을 듣고 싶어서 한번 뵈려고 하는데 언제 시간이 되시나요?"

**\*첫 만남**

소유주와 7월 10일 만나기로 약속했는데, 아침에 소유주에게 문자가 왔다.

'정말 죄송한데 지방이라서 오늘 올라가기가 힘드니 날짜를 다시 잡아달라고…'

그래서 7월 13일 저녁에 다시 만나기로 했다.

'유피테르'와 '우주대마왕'과 같이 집 앞에 갔다. 그리고 통화 후에 방문했다.

건장한 청년 3명이 들어가니 좀 놀라시더군요.

정중히 인사 후에 소파에 앉자 명도 협상에 들어갔다.

"이달 말일까지 집을 비워주셨으면 합니다."

소유자 구구절절 본인의 사정을 이야기 하며, 갑자기 당황스러워서 그러니 생각할 수 있는 시간을 달라고 했다.

"다음 주까지 시간을 드릴 테니 이사 날짜를 생각하셔서 전화주세요."

드디어 전화하기로 한 날이었다.

이달 말이면 시간이 너무 짧다 이사 갈 집도 없고 하니 9월말에 나가면 안 되겠냐고 했다.

"안됩니다. 늦어도 8월 중순까지 비워주셔야 합니다."

소유자 구구절절 사정이 안 되서 그러니 좀 사정을 봐달라고 말한다.

"그럼 제가 편의를 봐드릴 테니 사장님도 제 편의를 봐 주세요. 제가 매도를 빨리할 수 있게 1가구 1주택 확인서를 써주시면 제가 이사 기간과 이사를 하실 수 있게 편의를 봐드리겠습니다."

*협상 완료

1가구 1주택 확인서를 해준다고 하여, 신분증을 준비해 달라고 했다.

"저하고 구청에 가서 1가구 1주택 확인만 하시면 됩니다."

8월 중순에 소유주와 함께 집 앞에서 만나 구청으로 향했다.

구청에서 먼저 주민등록등본과 가족관계증명원을 작성한 후에 부동산 정보팀으로 가서 1가구 1주택 신청서 작성하고 접수했다. 3~4일 걸리니까 서류 나오면 문자주겠다는 구청 직원의 이야기를 듣고 이사비용 협상하려고 커피숍을 찾던 중 담배를 피우려고 커피숍대신 편의점 앞 파라솔에서 서로의 이야기를 두 시간 가량하던 중 드디어 이사비용을 이야기했다. 500만 원을 요구한다.

"사장님 관리비가 500만 원인데 이사비용을 500만 원 달라고 하시면 그냥 강제집행으로 가겠습니다. 강제집행하면 관리비도 공용부분인 200만 원가량 내고 짐도 별로 없으니 1백50만 원 정도면 해결이 됩니다. 너무나 상황 판단이 되시지 않네요. 제가 큰 맘 먹고 관리비를 처리해 드리고 이달 말까지 나가시면 200만 원 드리겠습니다. 이것도 사장님이 인상도 좋으시고 그간 협조적으로 해주셔서 제안을 드리는 겁니다."

전 소유자 말하기를 "내가 힘들어서 그러니 좀 더 생각해주세요."

이야기가 너무 길어져서 일단 1가구 1주택 확인서 받고 다시 이야기 하자고 마무리 짓고 집으로 왔다. 드디어 원하던 1가구 1주택 확인서가 나왔다는 문자를 받고 확인서를 찾고 소유주에게 전화를 했다. 그런데 소유주와 이견이 좁혀지지 않았는데 250만 원으로 이달 말까지 집을 비워주는 것으로 합의를 했다.

(소유주와 너무 친해지지 마세요! 나중에 강하게 나가려면 점점 힘들어집니다. 인간적으로 친해지면 내가 가진 걸 점점 내주게 될 수밖에 없는 거 같아요.)

드디어 9월 4일 명도 완료!!!

**관리비는 총 480만 원에서 400만 원 납부**
**관리비용 협상 부분은 나중에 다시 남기겠습니다.**

> **giodarno**
> 수고 하셨습니다.
> 관리비 5백만 원인데, 이사비용을 5백만 원 요구 헐^^

> **낙찰자**
> 대부분 처음에 크게 부르다가 나중에 절충하더라구요.^^

# 정말 심장이 두근 _by 마양

첫 낙찰을 받은 지 1주일 후에 매각 허가가 났다. 그리고 수요일 4건 입찰해서 2건이 낙찰되었다. 아! 10일 동안 3건이 주르륵 낙찰이다. 정말 심장이 두근거려 정신이 혼미하다. 낙찰을 받은 두 물건이 연달아 개찰되어 영수증 받느라고 정신없는데 내 이름을 또 부르는 것이다. 8명이나 들어와서 안 되겠다 싶었는데 낙찰되었다.

저희는 따끈따끈한 신혼부부다. 신랑이 이런저런 별명을 저에게 붙여준다. 그래서 제가 첫 낙찰도 받았으니 이왕이면 별명으로 '김경매왕'이라고 불러주라고 했다.

(제가 김씨인 관계로 별명 앞에 꼭 김을 붙인다.ㅋㅋㅋ)

김경매왕으로 불린지 1주일 만에 하루에 2건이 낙찰되었으니 정말 부르는 대로 되나보다?

어제 신랑하고 저녁으로 제육쌈밥집에서 청하 2병… 2차로 전어 먹음서 청하 4병… 3차로 집에 와서 맥주 4명을 '빠라삐리뽕'하고 오늘은 하루 종일 해롱거리며 뒹굴뒹굴… 강원도에서 공수한 황태로 콩나물해장국 끓여서 둘이 먹고 3건 대출과 명도에 관한 이런저런 얘기로 이번 주 주말부터는 임장대신 명도를 하러 다녀야겠다며 대출도 알아 봐야하고 3건을 동시에 진행하려니 맘이 바빠졌다.

노트북 켜고 제가 또 물건을 보고 있으니 신랑이 그만보라며 급히 먹으면 체한다고 3건 다 해결하고 입찰가라고 하네요.

전 빌라를 하나 받고 싶어서 열심히 빌라를 서치 중이다. 어제 신랑과 '낙찰주'를 기울이며 경매를 배우길 정말 잘했다며 행복을 만끽했다.

명도는 신랑이 알아서 하기로 했으니 전 좀 쉬어야 할까? ㅎㅎㅎ 행복한 고민 중인 마얌!!!

## 열심히 하는 것도 중요하지만 잘하는 것도 중요하다 _by 바이홈

어제는 의정부법원에서 40평대 아파트 덜컥 낙찰을 받고 말았다.

아내(세일홈)가 임신한 관계로 회사에 오전 휴가를 받고 2건 입찰에 들어갔는데 떨어진 물건은 10명에서 거의 꼴찌였다.

두 번째 물건에 5명에서 1등~

두 물건이 모두 2회 유찰된 것으로 경쟁이 치열할 예상으로 두 물건 모두 1회 차 가격 이상으로 받아갈 확률이 아주 높을 것이란 생각이라 어차피 안 될 것이라는 예감이 엄습했다. 아니나 다를까 떨어진 첫 물건이 딱 1회 차 이상으로 받아가서 두 번째 물건도 의당 떨어질 거라 체념하고(나는 당연히 1회 유찰 가격보다 낮게 또 낮게) 있었다. 최고가 매수인으로 내 이름을 호명하여 좀 놀랬다.

(의정부법원은 특이하게 2등은 호명하지 않고 1등 만 불러준다. 2등과 차이를 알 수 없어 1등을 해도 아쉬움도 없다는 장점과 진행도 상당히 빠르다.)

임장을 다녀본 결과 누구나 아는 유명 브랜드 아파트이고 로열동에 로열층이긴 하지만, 40평대 후반 대형 평수라서 매매의 어려움이 있을 거라 예상하고 30평대 가격대에서 약간 플러스로 기준가를 정하고 들어갔는데 의외로 낙찰이 되었다.

낙찰된 아파트 단지 앞 부동산에 문의해보니 무척 싸게 받았다고 시샘이 섞인 칭찬도 듣고 당장 내가 정한 기준가에 대기 손님도 있다고는 하는데 매매는 명도 진행 상황을 봐서 체크해 봐야겠다.

(국민은행 시세가 생각보다 높아 대출이 많이 나와 월세를 주면서 보증금 회수하면 거의 '무피'로 가져가는 것도 가능할 것 같다.)

첫 번째 낙찰물건 계약하고 잔금회수를 하자마자. 이렇게 또 기회가 생겨서 조금 설레기도 하다. '열심히 하는 것도 중요하지만 잘 하는 것도 중요하다'는 것을 첫 낙찰 때 경험해보니 이번에는 제대로 수익을 위해 뛴다.

### 🔨 Turning point
축하드립니다. 잔금회수를 하자마자 낙찰
저도 노리고 있는 다음 시나리오에요.

---

### 🔨 놀란토끼당
부러워요. 40평을 30평대 가격으로 축하드려요.

# 세입자가 고맙다고 했다 _by 바이홈

　4월 5일 식목일 낙찰되어 8월 9일 명도를 완료하고 8월 19일 매도 계약해서 4개월 15일 정도 걸렸다. 명도가 조금 길어진 이유가 100% 배당받는 세입자인데 배당일까지 타이트하게 압박을 가해야 했는데 처음이다 보니 여유롭게 대한 것이 화근이 되었다. 다행히 선배 고수의 조언을 받고 배당일로부터 명도날까지 월세를 좀 세게 불렀는데 순순히 통장으로 내가 그냥 막 질러버린 금액으로 입금해 줘서 좀 놀라기도 하고 다행이라고 생각했다. 그러면서도 나에게 세입자가 고맙다고 했다.

　이사비용은 없었고, 월세는 받고 8월 9일 명도를 완료하고 부동산 10군데 정도 내 놓았는데 취득세 감면이 끝난 시점이라 거래는 절벽 시장 상황이었다.

　그래서 기준가보다 좀 낮게 내 놓았는데 같은 아파트 단지 내에서 사는 집보다 넓은 평수로 이사하고픈 부부에게 10일 만에 매도 계약하게 되었다.

> **雪馬**
> 명도 후 열흘 만에 매도… 축하드려요… ㅎㅎ.
> 이제 다음 물건에 도전하실 차례네요^.^

### 📖 팅팅

명도, 매도!! 축하드리고… 서두르지 않긴 할 건데
참으로 부럽네요. 수익도 그렇지만 경험이 더욱 중요!!

### 📖 Detox

다시 한 번 축하 축하 ㅎㅎ
경험이야 말루 정말 소중한 재산 같아용 ㅎㅎ
다시 또 경험 쌓기 위해 법원으로! 파이팅!

### 📖 Turning point

축하드려요^^ 수익도 중요하지만 경험이 젤 값진 자산이죠.
한 사이클 잘 마치셨으니 이제 담 입찰로 고고씽!!

### 📖 강혁

명도 열흘 만에 매도하다니 부럽습니다.
그리고 축하드려요 ^%^

---

> 첫 낙찰

# 바로 낙찰한 집에 도착 _by 크리스FL

경매에 입문한지 1년이 되었다.

경매 실전반을 들으면서 '일단 앞마당부터 파라'했던 선생님의 말씀을 받잡고 임장을 다녔다. 하지만 앞마당은 너무 비싸서 할 수가 없었다. 그래서 예전에 살던 동네부터 시작했다.

권리분석을 하고 임장도 꼬박꼬박 그리고 입찰도 했지만 번번이 패찰이었다. 경쟁이 심했던 것인지 아니면 입찰가를 너무너무 낮게 쓴 것인지… 낙찰의 기쁨은 없었다. 족히 40회 이상 입찰에 도전했던 것이다.

중앙법원을 비롯하여 남부, 북부, 의정부, 인천, 부천, 안양, 성남, 수원법원 등을 다녔다.

지난 주 거래처 부천 쪽에 방문했다가 일산 쪽으로 가다가 중간 김포 쪽에도 물건을 몇 개 봐 놓았던 터라 일산가기 전에 부동산 두어군데 들러서 시세 확인하고 갔다.

평수가 커서 그런지 매물도 그리 많지는 않고 거래는 가끔 있었다. 그래도 문제없으니 함 들어가 보자. 그래서 화요일 입찰 물건 3개 기준가를 잡고 입찰에 들어갔다. 수익률을 10%로 잡지 않고 금액으로 잡고 들어가다 보니 약간 입찰가가 높은 것 같은 느낌이 있었다.

**첫 번째 물건 낙찰!!**
**두 번째 물건 2등!!**
**세 번째 물건 2등!!**

첫 낙찰이라 조금은 불안하고 또 떨리는 마음을 진정시키기 쉽지 않았다. 영수증을 받자마자 이제는 명도라는 생각이 들었다. 법원을 빠져 나오는데 필기 준비가 완벽하게 갖춘 아줌마가 연락처를 물었다. 두 번 아니 세 번 정도 말했는데, 지금은 20여 곳에서 문자가 쇄

도하고 있다.

바로 낙찰한 집에 도착하니 오후 3시쯤이다. 이 시간에 점유자를 만난다는 것은 쉽지 않다는 생각이 들고 처음이라서 그런지 가슴이 두근두근 뛰었지만 용기를 내어 벨을 눌렀다. 사람이 있었다. 또 두근두근 떨렸다.

'소액 임차인이 진짜 소액 임차인일까?!'
'집주인이 가짜로 소액 임차인을 들인 걸까?!'
그 잠깐에 별의별 생각이 스쳐 지나갔다.
(이렇게 생애 첫 경매 낙찰을 받았다.)

### 빅마마
우와. 안녕하세요.~ 전 스터디 동기^^
축하드립니다. 반가운 이름이 있어 들어왔네요.~
한 바퀴 수월하게 돌리시길 진심 응원할게요.

### 김사니
와우~ 축하드려요.~ 그동안 많이 하셨네요.
2등도 2건이나. 정말 아깝겠당.
빠른 명도와 매도 바랄게요.

### 겨울개나리
와우~ 축하드려요.~!!!!!
첫 낙찰 받으면 어떤 기분인지요? ㅋㅋ
저도 언제인가 느껴볼 날이 오겠죠?
부디 명도와 매도까지 쭉쭉 성공적으로 하시길.
파이팅입니다.~!!!! ^^

 첫 낙찰

# 몸이 붕 뜨는 것 같더니 _by 씨구씨구

드디어 '씨구씨구' 첫 낙찰되었다~~!!
얼~ 씨구~~ 절~ 씨구~~
"안녕하세요. 이천에 사는 '씨구씨구'입니다."

'설마'님의 책을 만나게 된 것은 2011년쯤이었는데 그땐 일 때문에 또 지역적으로 멀다보니 책으로 만나는 걸로 만족해야 했다. 그러던 중 2013년 초에 뜻하지 않게 이직을 하게 되고 한 달 정도 여유가 생겨서 '설마'님의 강의를 듣기 시작했다.

어려운 점도 많았지만 어쨌든 무사히 실전반까지 마치고 임장과 입찰을 거듭했다.

나는 경매를 처음 시작할 때 어려운 점이 많았다. 가장 어려운 점은 가족의 반대였다. 집사람은 부동산, 경매 등 이런 종류는 다 한탕주의라 생각하고 있었다. 또 명도할 때 다른 사람 마음 아프게 하는 것이 맘에 안 든다며 정색했다. 지금은 실상을 알고는 많이 이해해 주고 있다. 게다가 어머니와 동생 역시 경매가 무슨 다단계나 사기 집단인 것처럼 색안경을 끼고 보고는 전혀 도움 줄 생각을 안했다. 다행이 어머니와 동생도 이젠 생각이 많이 달라졌다. 이렇게 가족의 지원 없이 하다 보니 힘이 많이 들었다. 정말이지 그 흔한 '대리입찰' 한 번을 안 해 주었다.

뭐… 다행인 것은 이렇게 내성을 키우다보니 이제는 혼자 하는 방법도 슬슬 터득해 가는 것 같았다.

두 번째 어려운 점은 나의 근무 패턴이었다.

내가 이직한 회사는 2명이 맞교대로 2일 근무 후에 2일 휴무를 했다. 그래서 휴무인 날에 입찰할 수 있는 물건을 추려서 임장을 하고 입찰을 했다. 그런데 여러 사정으로 인해서 근무 날짜가 바뀌어 버리면 그날 이후로 입찰할 수 있는 날이 완전히 바뀌어 버리는 것이다. 결국 임장을 해도 입찰을 못하는 악순환이 반복되었다. 그래서 여름에는 '설마'님의 제안으로 리바이스 프로그램에 참가하여 입찰을 다니곤 했다.

세 번째 어려운 점은 지역적 특성이다.

내가 사는 이천에는 아파트 물건이 1년에 30~40건 정도 나오는 게 고작이다. 낙찰률도 상당히 높다.

(2013년도에 아파트 낙찰 건수가 43건 정도 되는데, 그중에 감정가 85%이하로 낙찰된 것은 4~5건에 불과하다.)

그렇다 보니 처음에 앞마당을 파라고 하는데, 팔 앞마당이 마땅치가 않았다. 결국 앞마당을 버리고 영동고속도로를 따라서 여주, 이천, 용인, 수원, 오산, 화성, 군포, 안산까지 물건을 보러 다녔다. 잘 알지도 못하는 타지역에 임장을 다니는 건 생각보다 쉽지 않았다.

이렇게 해서

임장하고

입찰하고

패찰하고

법원 밥 먹고…

임장하고

입찰하고

패찰하고

법원 밥 먹고…

패찰-패찰-패찰을 수도 없이 했다.

요즘 경매 시장이 너무 활활 타올라 오늘도 당연히 들러리 서러 법원에 갔다.

오늘은 3건을 넣었다. 1건은 꼭 낙찰을 받겠다는 생각으로 수익을 최소화하고 감정가의 88%까지 썼다. 또 1건은 조금 희망을 가지고서 감정가의 82%까지 썼다. 마지막 1건은 늦은 저녁 집에 오는 길에 있는 물건이라 부동산에 들려 잠깐 매매가격만 알아본 게 전부였다. 당연히 안 될 거라 생각하고 감정가의 75%로 썼다.

드디어 개찰

첫 번째 물건 잔뜩 기대를 하고 있었는데, '또 정신줄 안드로메다로 보낸 분 나오셨네요. 101%로 낙찰됩니다.' 이 가격이면 부동산 가서 급매로 사도 이거보단 싸던데…. 두 번째 물건 그다지 기대하지 않았다. 역시나 90%로 낙찰된다. 세 번째 물건 빨리 보증금 받아서 밥시간 끝나기 전에 밥 먹으로 갈 생각만 한다.

그런데… 둥둥 두둥~~

마지막 물건… 75%로… 낙찰… 받았습니다!!

2등 하고는 불과 2백만 원 차이네요!!

머리가 노래지고

몸이 붕 뜨는 것 같더니

정신이 유체이탈을 하는 기분이다.

도장이랑 신분증 달라기에 얼른 주고는 영수증과 돈을 거슬러 받고 나오는데 아줌마 아저씨들 명함을 주며 난리가 났다. 줄줄이 쫓아오며 연락처 알려달라며 통사정을 하고…

(아~~ 이거야 이거 이게 낙찰 스타가 된 맛이구나~)

가까운 식당을 찾아갔다.

흥분을 갈아 앉히고 마음을 진정시켜본다. 밥을 먹으려는데 도무지 밥이 안 넘어 간다. 그래서 그 좋아하는 밥도 반이나 남겼다. 갑자기 흥분해서 그런지 머리가 지끈거리고 멀미까지 난다. 결국 약국에서 두통약까지 먹었다. 어쨌든 무지 흥분되고 기분 좋은 하루였다. 거의 1년간 50번 정도 계속된 패찰로 슬슬 지쳐가던 무렵 단비처럼 내려 준 낙찰에 너무 행복하다.

역시 사부님 말이 맞았다. 알려준 데로 포기하지 않고 계속해서 하다보면 낙찰은 꼭 되더라!! 이 자리 빌어 다시 한 번 감사-감사!!

### 흑수돌

진짜! 진짜! 짜릿 하였겠어요.^^
진짜 부럽고, 축하드려요!!
좋은 소식 계속 들려주세요.~
저도, 지방인데다 아직 여건이 마땅치 않아
이렇게 카페에서 맨날 '눈팅'만 하고 가네여~ㅎㅎ

> **겨울개나리**
> 역시 꾸준한 입찰만이 답인가 봐요.~^^
> 진심으로 축하드려요.~^^ㅋㅋ
> 낙찰 받으면 어떤 기분인지 궁금했는데…
> 자세히 써주셨네요.ㅋㅋ
> 다이어트에 도움이 되려면 빨리 낙찰받아야겠어요.~^^ㅋ
> 부디 명도에서는 수익에 좋은 결과가 있으시길~^^!!!!!

첫 입찰

# 평생 지속될 경매 인생 _by 가나다라

경매에 관심을 가진지 6개월 정도 되었고, 기초반 스터디를 2013년 12월에 수강, 현재는 실전반 듣고 있다. 처음에는 실전반 수업이 다 끝나고 나서 차근차근 하나씩 해보려고 했지만 한시라도 더 빨리 도전해야 낙찰의 기회를 얻을 수 있을 것이란 생각에 수업 중에 입찰을 해보게 되었다.

이번 입찰은 낙찰이 꼭 되면 '좋겠다'라는 생각보다 입찰 경험, 또한 앞으로 대리인으로 참여하실 어머니를 위한 사전 시뮬레이션 자리로 생각하고 입찰을 했다. 그렇다고 대충한 것은 아니고 열심히 준비는 했다. 다만 부랴부랴 입찰한다고 갑작스럽게 마이너스통장도 만들고 임장하고, 시세 알아보고 하다가 시간이 없어서 제대로 된 임장보고서를 만들지 못했는데, 추후 안정성을 위하여 보고서는 제대로 만들고 입찰하려 생각 중이다.

아무튼 2월 4일 북부법원에서 입찰이 있는 아파트를 쭉 뽑고, 일단 하나하나 권리분석 및 인터넷상으로 나오는 자료들을 토대로 입찰 가능한 물건들을 고르고, 거기서 대략 사이즈 나오는 것 몇 개 현장 다녀오고, 부동산 탐방하고 전화하면서 총 3개를 추려냈다.

그리고 그 결과 오늘 전부 패찰했구.ㅜㅜ

'첫술에 배부르랴'는 생각이었기 때문에 아쉬운 점은 없다. 이번 경험을 토대로 더 발전해 나가야겠다는 생각이 든다.

처음이다 보니 입찰표를 작성하는데 굉장히 시간이 오래 걸렸고, 인감증명서를 처음에 첨부 안하다가 신분증 내면서 넘기기 전에 생각이 나서 그때서야 다시 넣고 제출하기도 했다. 막상 제출이 끝나자 권리분석이 잘 되었는지 갑자기 스스로 헷갈리며 숫자를 제대로 쓴 것인지 기억이 나지 않으면서 손발에 땀이 차는 경험까지….

제 평생 지속될 경매 인생에 밑거름이 될 것이라 생각을 했다.

오늘 북부법원에 온 엄청난 인파에 이게 과연 될까. 생각도 하지만 이미 성과를 보는 사부님, 선배님, 동기들도 있고, 항상 옆에서 든든하게 힘이 되어 주는 카페 가족 분들 생각하면서 열심히 해봐야겠다.

오늘 비록 같이 다니지는 못했지만 북부지방법원에서 뵌 카페 회원님들 반가웠다. 사정상 많은 이야기 나누지 못해 아쉬웠고ㅜㅜ 오늘 모두 수고하셨고 앞으로 모두 낙찰 받는 성공경매 인생이 되길 빈다.ㅎㅎ

계고

# 저항 없는 계고 싱겁다 _by 아미루스

떼르르릉~~

어? '소액임차'님이시네!!

"아미루스님 낼 계고 하러가는데 만약 문을 딴다면 재미있을 거 같은데 오실래요?"

"콜!!!~~ 홋!! 계고하면 재미나겠네요."

당근 잘 아는 척한다.

콜은 했다!! 계고는 모른다!!

폭풍검색. 개똥철학 같은 답변이 주를 이루지만 모르는 게 없다.

12시 약속이다.

일단 아침밥 일찍 먹고, 내가 누군가? '아미루스' 시간 약속 철저하다. 자랑 맞다!

만약 약속 늦는다면 애마가 그 좋아하는 휘발유를 토해내거나 지하철이 펑크난거다. 늦어서 현장을 목격 못하면 안 된다. 일찍 가서 추우니까 차에서 놀자. 바보 같은 생각이었다. 현장 목격이 문제가 아니고 그날 나 없으면 계고 못하는 거였다.

(계고할 때 증인 두 명이 필요하고 그중 한 명이 나였다. 계고할 땐 꼭 신분증을 챙겨가자!)

도착. '아미루스' 당근 1등 '낙인'님 2등 이쯤해서 3등이 궁금하지 않은가? '소액임차'님 아니다. 열쇠아저씨다. 모르는 아파트 앞에 우리팀 3명 법원아저씨 2명 열쇠아저씨까지 총 6명이 웅성거린다. 지나가는 아줌마 흘끗 쳐다본다. 저 수염 난 사람은 맑고 착해 보이니까 조폭들은 아닌 거 같고. 뭐 대략 그런 표정이다.

'띵동띵동' 당근 반응이 없다.

"원래 명도 협상 안 되고 점유자가 집에서 버틸 때 강제집행 전에 통보하는 게 계고인데 이 경우는 주인이 자존심에 이사비용 포기하고 문만 잠그고 이사 나간 상태에요."

'소액임차'님 설명을 '아미루스'도 그 정도는 알고 있다는 표정으로 끄덕이지만, 또 하나 알았다. 법원팀 대장님 문 앞에서 법률 용어 섞어 가면서 '소액임차'님에게 이것저것 설명한다. 그런데 '소액임차'님 이상하다. '난 순진해서 그런 거 잘 몰라요. 모두 알아서 다 해주세요' 딱 이런 자세다

내 귀로 비밀 말이 살짝 흘러 들어온다.

"초보인 척 그렇게 해야 잘해줘요."

'아, 그렇구나'

열쇠아저씨 시크하게 연장 꺼내더니. 수술로 들어간다. 예술이다. 저게 가능하구나. 단 몇 분 만에 디지털 도어가 띠리링 해제된다. 집 안은 썰렁하다. 이사가면서 청소도 한 것 같다. 마지막 자존심 정수기 한 대만 덩그러니 주인에게 버림받아 있다. 원래 집에 들어서면 사진 촬영은 하면 안 된단다. '낙인'님 잘 모르는 척 찍어댄다. 법원 대장님 못 본 척 한다.

법원 대장님 거실 한가운데 계고장을 붙였다. 계고장 내용은 별

거 없다. '언제까지 이사를 하라. 그렇지 않으면 강제로 짐을 뺀다.' 뭐 이런 내용이다.

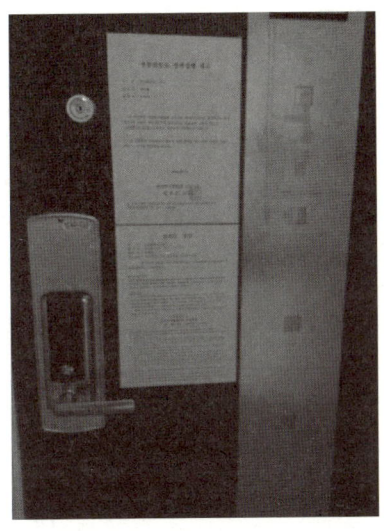

법원 대장님 끝났으니 모두 나가란다. 집주인의 저항이 없어 잘 된 일이지만 싱거워도 너무 싱겁게 끝났다. '소액임차'님 열쇠아저씨 출장비를 현금으로 드리고 끝났다.

첫 낙찰

## 이 순간 기분은 좋았다 _by 도리

오늘은 나에게 특별한 날이다. 경매를 시작한 지는 얼마 되지 않았는데 운빨(?)로 조그마한 빌라를 낙찰 받게 되었다. 2014년 1월

초 『3000만 원으로 22채 만든 생생 경매 성공기』를 접한 뒤 경매에 관심을 가지고 도서관에서 두세 권의 책을 빌려 보고 권리분석 책도 두 권 사서 읽으면서 현재 스터디 수업도 받고 있다.

강사의 쉽고 명쾌한 수업을 들으니, 책을 읽으며 아리송했던 부분들이 다소 해소되면서 권리관계가 복잡하지 않는 간단한 물건에 대해서 입찰해보고 싶은 욕심이 생겼다.

소유주나 후순위로써 소액 임차인 배당 받고 근저당 한두 개 있는 물건으로 입찰을 했고, 결과적으로 입찰횟수 2번(입찰건수는 6건)만에 낙찰 받게 되었다.

오늘도 3건 입찰했는데 첫 번째 건은 꼴지(6명 입찰), 두 번째 건은 11명 입찰에 2등 했지만 낙찰자와 400만 원 정도 차이로 패찰하다 보니 크게 아쉬움은 없었다. 마지막 건은 두 번째 건과 조건이 비슷한 물건으로 입찰가도 비슷하게 적었기에 당연히 입찰자가 많을 것으로 예상하며 패찰 가능성이 높겠다고 여기며 큰 기대를 하지 않고 개찰을 기다렸다.

마지막 물건 사건번호가 불러지며 집행관이 입찰자가 2명이라고 해서 겁이 났다. 순간 내 귀를 의심했다.

그럴 리가 없을 텐데… 왜 2명밖에 안되지? 아주 짧은 순간 걱정이 밀려왔다.

'물건 선택을 잘못한 건지, 예상치 못한 문제가 있는 건 아닌지…'
맘속으론 패찰하길 바랬다. 그렇지만 내 바람과는 달리 낙찰의 여신이 내게 왔다. 그리고 패찰한 사람과는 무려 700만 원 이상 차이가 나는 금액이었다. 금액 차이도 문제지만 왜 입찰자가 적은가에 걱정이 파도처럼 밀려와 잽싸게 권리분석을 다시 해봤다. 권리분석 상으론 문제될 게 없었다.(나중에 사부님 문자도 받았지만) 아무리 생각해봐도 두 번째 물건과 입지 여건이나 연식, 권리관계 등 대부분의 조건이 비슷한 물건인데 입찰자가 나를 포함 2명밖에 없다는 게 이해가 되질 않았다.

결국 고가 낙찰일 가능성이 농후했다. 다른 사람들이 흘린 물건이 아니라면 나름 임장하고 입찰가 분석한 결과로는 임대 목적으로 들어간 물건으로 임대 시는 그런대로 수익률이 나오는 편이고 매도 시 수익은 그리 크게 잡지 않았다.

임장은 세 번 정도 했고 입찰 물건 반경 500m 정도 되는 곳의 20개 정도 물건을 보았다. 입찰가는 아래와 같은 기준으로 뽑았다.

- ㅇ비용은 취득등록세, 법무사비, 중개수수료, 명도비, 수리비, 미납요금, 대출이자(3개월) 항목에 대해 다소 보수적으로 잡았다.(감이 부족한 관계로)
- ㅇ대출은 낙찰가의 85%에 5% 이자(이 또한 보수적으로)
- ㅇ매매가는 비슷한 조건의 수리되지 않은 물건을 기준으로 해서 수리를 한다는 가정 하에 수리비 정도 플러스했다.
- ㅇ최종적으론 과거 3개월 동안 비슷한 조건의 빌라 낙찰가율을 분석해서 최종 입찰가 산출 이렇게 하니 임대 시에는 그럭저럭 20% 정도의 수익이 예상됐고 매도 기준으로는 양도세 반영하면 고만고만했다. 한두 달치 월급정도였다.

역시나 낙찰 영수증 받고 경매법정 나서니 그동안 몰랐던 대출 아주머니들이 여기저기서 우르르 몰려왔다. 사건번호와 전화번호 알려주니 어느 한 아주머니가 대출명함 한 뭉텅이를 주는 것이다. 이 순간 기분은 좋았다. 그러나 고가 낙찰에 대한 우려는 쉽게 가시지가 않았다. 아직도… 일은 벌어졌으니 이제 수습에 집중하려고 한다.

### 雪馬(설마)

제가 애용하는 방법이잖아요.
ㅎㅎ 여러 건 입찰하면 그중에 하나 우연히 아무도 안와서 낙찰된다. 비슷한 물건 2건 중에 하나는 11명, 하나는 2-3명 내지는 단독, 이거 경매하다보면 문득 문득 마주치는 상황이거든요.^^

### 바숨

심정 이해가 갑니다.~
저는 단독 입찰로 낙찰이 되어서 낙찰이 되었다는 기쁨보다는 권리분석이 잘못되었나? 걱정이 앞서고 더 낮게 썼더라면 수익이 더 많았을 텐데 하는 아쉬움이 컸습니다. 그러나 지나고 보니 이런 것도 좋은 경험이 된 거 같구요. 끝난 것에 대해서는 미련을 두지 않는 게 정신건강에 좋다는 것도 알게 되었어요. 낙찰을 축하드립니다.

### 도리

감사해요. 앞으로 과정이 중요할 듯 하네요.

# 현실에 순응하는 편 _by 도리

어제부터 낙찰 받은 빌라 명도 협의 하러 다녔다. 낙찰 받은 날 찾아갔다가 아무도 없어서 연락처를 남기고 왔더니 저녁에 세입자로부터 연락이 왔다.

통화 내용은 다음과 같다.

도리: 낙찰자입니다. 오늘 낙찰된 건 아시는지?

세입자: 모르고 있었다. 그럼 앞으로 어떻게 되는 거냐?

도리: 앞으로 2주 내 매각허가나면 몇 주 내에 잔금납부할거고 잔금납부 후에는 소유권이 내게 넘어온다. 그리고 잔금납부하면 대략 2~3주 뒤 배당기일이 잡힐 거다.
(여기서 제 실수… 스터디 가서 사부님께 물어보니 배당날짜는 잔금납부 후 통상 한 달 뒤 잡힌다고 하네요. 다행히 세입자가 경매에 대해서는 전혀 지식이 없는 듯 했습니다.)

세입자: 그럼 배당 금액은 어떻게 되느냐?

도리: 제가 입찰가를 높게 쓰는 바람에 다행히 세입자(소액임차인)는 보증금을 거의 다 받아갈 수 있다. 아니 백만 원 정도 못 받아가게 될 거다. 그래도 다행으로 생각하셔라. 낙찰가가 낮았으면 최소 500~600은 못 받을 수 있었다.

세입자: 다행이네요.

도리: 이사해야 하는 건 아시죠. 이사 갈 집 알아보고 있으시냐?

세입자: 이제부터 알아볼 예정이다.

    이런 내용으로 통화한 후 집 상태도 볼 겸 찾아가도 되겠냐고 물으니 저녁 7시 이후에는 괜찮다고 해서 바로 다음날 만나는 걸로 하고 통화를 마쳤다. 통화한 느낌으로 봐서 세입자는 보증금을 거의 다 받는 거에 대해 한시름 놓은 듯 하고 집을 비워줘야 하는 현실에 순응하는 편이었다.

    경매수업 마치고 집에서 잠시 쉬다가 사부님의 조언대로 음료수 한통 사들고 세입자를 만나러 갔다. 벨을 누르니 흔쾌히 문을 열어주었고 거실에 앉아 본격적인 얘기를 시작했다.

    간단히 어제 통화로 한 이야기를 언급했고 배당기일은 잔금납부 후 1개월 정도 후로 잡힐 거라고 정정해서 말한 후 이사 이야기를 꺼냈다.

세입자: 당장 이번 주부터 이사 갈 집은 알아볼 예정이다.

도리: 앞으로 한 달 이내 집을 비워줬으면 좋겠다.

세입자: 그건 힘들 거 같다. 배당을 받아야 그 돈으로 이사 갈 집을 구해야 하는 형편이다.

도리: 배당기일 전에 나가면 약간의 이사비용을 고려 중인데 배당기일까지 있겠다면 이사비용은 없는 걸로 하겠다. 그리고 배당을 받기 위해서는 명도확인서와 낙찰자의 인감증명서가 있어야 한

다. 두 서류는 이사 가는 날 드릴 수 있다.

세입자: 배당 전에 나갈 여유가 없다.

도리: 우선 세입자의 상황은 알겠다. 아직 시간이 있으니 우선 집부터 알아봐라. 그 문제는 추후 논의하자.

이 정도에서 대충 서로서로 간만 보고 명도 협의는 마쳤다.

그리고 나오기 전에 집 상태를 둘러보았다. 보일러와 싱크대는 교체한 지 1년 정도 된 새 것이었다. 거실 천장 쪽에 3군데 정도 누수로 보이는 흔적이 있으나, 심한 정도는 아닌 것 같고 도배와 장판은 새로 하면 될 듯하고 욕실 상태도 그럭저럭 세면대 한쪽이 처져 있어 약간의 수리는 고려해야 할 것으로 판단된다.

그 외에 다른 부분은 상태가 괜찮았고 큰방과 거실이 꽤 넓은 편이여서 나름 만족스러웠다. 집 상태 대충 살펴보고 명도 1차전은 이것으로 마무리했다. 당분간은 먼저 연락하지 않고 기다려볼까 생각 중이다. 명도 저항이 거의 없을듯하니 괜히 연락하면 쪼는 느낌을 주면 오히려 반발심이 생길 거 같아서…

> **민 환**
> 와우~~ 벌써 선수가 되신 거 같아요.
> 암튼 원만하게 잘 진행되길 바라며, 부럽습니다. ^0^
>
> **도리**
> 선수는 무신 선수요. 선배들 명도 후기 보고 따라하는 수준입니다.

# 매매도 쉽지 않구나 _by 오보스

저희 집 바로 옆 동네 덕소로 다녀왔다. 오늘 본 첫 물건은 덕소삼익아파트였다. 나이스, 제일, 삼익, 애플부동산이 있어서 어디로 들어갈까 하다가 사장님과 실장님이 부동산 앞에서 동네아주머니와 얘기를 나누고 있어 동네를 꽉 잡고 있겠다 싶은 부동산이구나 하고 애플로 들어갔다.

아니었다. 토요일에 막 개업식을 한 신참이었다. 나보다도 동을 몰랐다. 그래도 32평 두 개를 보고 24평도 한 개 보았다. 구조는 파악하기 위해서다. 미련 없이 다음에 오겠다고 하고 다른 곳으로 이동했다.

오늘 내 이야기의 중심이다.

두 번째 본 물건은 덕소리버뷰진도아파트 물건이었다. 가격대는 감정가와 비슷했고 44평이니 넓고 특히 수리가 잘된 집이었다. 그중 동향 17층과 19층을 보았는데 같은 동 같은 라인이고 17층은 기본집이고 19층은 '올수리'된 탑층이었다.

매우 훌륭한 수리는 아니었지만 기본으로 화장실 2개, 싱크대 모두 교체되었고, 거실 확장된 걸 다시 베란다로 만들어 타일, 중간새시 모두 새것이었다. 일단 돈을 하나도 들이지 않고도 입주가 가능한 집이었다. 그런데도 17층보다 2500만 원 저렴했다. 그래서 여쭤어보니 사실 경매로 받은 것인데 그 가격만 받으면 매매를 한다는 것이다.

　마음속으로 나도 그 크기의 물건 땜에 왔으니 언제 얼마에 받은 물건인가 궁금해 하며 집에 와서 확인해 보리라 생각했다. 그러고는 한강이 전면으로 보이는 한솔아파트 32평을 또 보았다. 25층 탑층인데 전망은 아주 좋았다. 덕소에 30평대에 한강 '전면뷰'가 나오는 건 이 아파트뿐이고 가장 싼 급매가격이라고 했다. 3억 3천만 원.

　집으로 돌아와 진도아파트를 확인해 보았다. 2013년 1월에 2억 9천7백만 원 대에 낙찰 받았고, 화장실 2개, 싱크대, 새시 등에 아무리 안 들어도 1천만 원은 들 것이다. 지금 3억 5천만 원에 안 팔리고 있다.

　나는 아직 경험이 없어 잘 모르지만 1년씩 가지고 있으면 손해인거 아닌가, 그리고 발견한 또 하나는 한솔아파트 25층도 경매 물건이었다. 2013년 5월에 낙찰 받았고 장장 16명 중에 1등으로 2억 9천5백2십만 원 이고 지금은 3억 3천만 원에도 매도자가 없다.

　오늘 생각해 본 것은 낙찰도 어렵지만 매매도 내 맘대로 되는 것이 아니었다. 오늘 본 집들 좋은 가격에 잘 팔리기를 빌어본다. 그래서 경매를 할 때에는 기준가를 잘 잡아야겠다는 생각을 해보았다.

### Do it

기준가도 중요하고 부동산도 잘 만나야 하구요. 정책 등 시장 상황도 도와줘야하는 등 운도 좋아야 하구요. 같은 단지 내 같은 평수의 집 2채가 두 달 차이로 각각 낙찰이 됐는데 명도는 비슷한 시기에 완료됐어요. 먼저 낙찰된 집은 명도 직후 인테리어까지 모두 했는데도 4개월이 지나도록 안 팔리고 나중 집은 명도 끝나고 바로 팔렸어요. 매매에는 여러 가지 요인이 참 많은 거 같아요. 적기에, 적정 가격은 물론이고 그 외에 필요한 요인들을 적당히 충족시킬 필요가 있는 거 같아요.

 **방글스**

'한바퀴' 돌리시면 아실 것에요. 저도 첨에 고가낙찰로 양도세 내고 300만 원 번 기억이 나네요. 그래도 직장인 한 달 월급 나왔으니 다행으로 생각하지요. 단타는 그래서 힘들어요. 기준가, 양도세, 수익률 등등 그래도 박리다매로 하는 방법도 있어요. 힘내세요.

---

> 첫 입찰

# 잊을 수 없다는 첫 경험 _by 스카이블루

오늘은 벼르고 벼르던 휴가를 조심스럽게 직장상사에게 선전포고하고 때려 죽어도 난 휴가를 가겠다고 했더니

직장상사왈: 그래 갔다 와, 엥 넘 쉽네!(단, 가는 건 좋은데 갔다와서 며칠까지 보고서 끝내라! 허걱~~ 낼부터 전 야근에 철야입니다.)

아침 일찍 와이프 손잡고 인천법원으로 갔다. 너무 일찍 도착한지라 비싼 커피 한 잔 마시고 커피 한잔의 여유를 느끼면서 다시 한 번 입찰가를 확인하고 법원이라는 곳을 들어가면서 잘못한 일도 없

는데 조금은 위축이 되었다. 저희 와이프는 거침없이 법원을 돌아다녔다. 실은 너무 일찍 도착해서 법정의 문도 열리기 전이었다.

암튼 식당에서 와이프와 이런 저런 이야기를 나누고 있는데, 사람들이 하나씩 입찰봉투를 들고 들어왔다. 속으로 저거 받아야 되는데, 어디서 받는 거지? 물어볼까? 아냐! 물어보면 너무 초짜 같잖아~

와이프도 입찰봉투를 들고 들어오는 사람들을 보면서 "저거 받아야 되는 거 아니야?" "어디서 받았지?"라고 물어보았다.

"어! 저거 법정 들어가면 법대 앞에 놓여 있어! 가지고 오면 돼."(아는 척은, 나도 첨인데!)

"내가 가지고 올께! 기다려"

(법대 앞에서 하나씩 나누어준다. or 법대에 놓여 있다. 등등 여러 가지 설이 있어서)

법정에 조심스럽게 들어가서 두리번두리번 거리는데 법대 앞에도 없고 법대에 나누어 주는 사람도 없었다. 이거 어떡하지!

사람들에게 물어볼까? 아니야! 물어봐? 아니야~ 내적으로 고민을 하던 순간, 저 멀리 기둥 뒤로 누리끼리한 똥색 봉투가 보였다. 그래 저거야! 유래카를 외치며, 다가가 눈치를 보면서 입찰봉투 한 장, 기일입찰표 한 장, 보증금봉투 한 장 챙겨서 돌아서 나오다.(그래 다음을 위해서 많이 가져오자! 하고 몇 장을 더 챙기다가 눈치가 보였다. 누군가 날 보고 있는 것 같고 그래서 3장만 챙겨왔다. 소심하긴!!)

나중에 와이프 시켜서 넉넉하게 챙겼다(누군가 그랬다. 많이 가

져가면 혼난다고, 제가 좀 소심합니다! ㅜㅜ)

또 이야기하다가 삼천포로 빠졌네~ 아무튼 오늘 입찰 물건 2건, 기표소 같은 곳이 있었다. 왠지 거기를 들어가서 적어야 할 것 같았다. 커튼도 치고(누가 본다고) 2건 입찰가 확인하고 1건은 제가 작성해보고 또 다른 한 건은 와이프에게 작성을 시켰다.

모두 작성이 끝나고 도장 날인을 하다 보니 의문이 생겼다. 기일입찰표 우측 중간부에 '보증금 반환받았습니다'하고 입찰자 000하고 도장날인이 있었다. 이걸 찍어야하나? 어! 아직 입찰도 안했는데 나중에 보증금 돌려받고 찍어야 하나?(또 여기서 소심해집니다! 내 피 같은 돈 안주면 어떡하지?)

그래 모르면 전화찬스 쓰자! 동기인 '초이스'님에게 전화를 걸어 여쭈어본 결과 찍어라! 날인하는 곳은 다 찍어라! 그래서 막 날인하는 곳마다 날인을 날렸다. 제가 다시 한 번 입찰 가격을 확인하고 와이프에게 확인을 시키고 '이상없다' '콜 사인'이 떨어지고 내려고 법대로 향하는 순간 법대 한쪽에서 사람들이 무언가를 열심히 열람을 하고 있었다. 어~ 저건 또 뭐하는 시추에이션이야! 다가가서 확인해 본 결과 아 저것이 말로만 듣던 매각물건명세서 열람이었다. 남들이 하는 건 모두 해봐야 한다는 쓸데없는 고집에 물론 와이프 앞에서 아는 척도 좀하고 나도 열람해 봐야지! 그런데 아무나 보여주는 것이 아니었다. 이거 어떻게 열람을 해야 하는 건가 사전에 열람 신청을 해야 하는 건가? 이런 이야기는 '설마사부'님이 안 해주셨는데 열람만 하라고 했지! 사전에 신청을 해야 한다는 이야기는 없었는데, 또 이럴 때 저희 와이프님을 출동시켜야죠! 사랑하는 부인~

가서 알아 봐봐봐!^^

출동결과 가서 열람하게 신청서 달라면 준다고 하면서 두 장을 가져왔네요! 내가 참 당신과 결혼하길 잘했어~~~ 여봉! 알라뷰!!!

또 열심히 열람하면서 와이프에게 아는 척도 좀 하고 이게 말이지 '어쩌고저쩌고 쏼라쏼라!'(아는 척은 **도 모르면서) **=멍멍뿔

열람을 마치고 법대로 향하여 입찰봉투를 공손하게 드리고 입찰봉투 '꼬다리'를 받아왔다. 자리에 앉아서 기다리면서 보니 주변에 있는 사람들이 오늘 입찰순서가 적힌 큰 종이를 들고 있었다. 헉~ 저건 또 뭐지? 와이프에게 '여봉! 나두 저거 가지고 싶은데'했더니 '내가 그럴 줄 알고 챙겼지'하면서 가방에서 꺼냈다.

너랑 결혼하길 너무 잘했어! 난 행운아야(법정에 들어올 때보니 의자 위에 한 뭉치가 놓여있어서 일단 챙겼답니다.)

참고로 인천법원은 11:20에 마감해서 11:40쯤에 개찰을 했다. 인천 가는 분들 참고하세요. 한 시간 정도 지나고 제 사건이 불러지면서 모니터를 보니 스물한 명이 응찰했다. 21:1 결코 만만치 않았다. 법대에서 진행하는 사람이 제 패를 보이기 전에 상대 패를 먼저 오픈했다. 그래 좋아! 좋아! 내 패는 천천히 오픈해 주세요! 맘속으로 바라는 순간 제 이름이 호명되면서 제 패를 오픈했다. 이런 뒤에서 한 5등 한 것 같다.

두 번째 물건은 그래도 2등 했다. 차 순위 신고하실 분 말할 때에 할까하다가 뒤에서 2등이라 못했다. 두 번째 물건은 31:1로 싸웠다.

오늘의 첫 경험의 느낌은 제 물건이 나왔을 때 그리고 하나씩 오픈이 될 때의 그 긴장감이 너무 스릴이 있었다. 정말로 예전에 와이

프와 연애할 때 느끼는 심장이 두근두근 거리고 흥분되는 느낌을 오랜만에 느꼈다. 그리고 사람들도 많고 정말로 낙찰가가 높았다. 제가 응찰한 2건 모두 아파트지만 98%에 가깝게 받았다. 여기저기서 저가격에 받을 거면 왜 여기와 급매로 하지라는 소리가 들렸다.

오늘의 첫 경험은 저에게 앞으로 살아가면서 좋은 추억으로 남을 듯싶다. 간만에 와이프와 손잡고 근처 대학가에 가서 점심 먹고 커피도 마시면서 옛날 추억도 생각하는 좋은 데이트 시간이었다.

### 건이아빠
첫 입찰기록 재밌게 잘 읽었습니다. 저도 처음 법정견학 가던 날, 입찰봉투 어디서 받는지 몰라 대출 아주머니께 물었는데 그 분이 잠시만 기다리라 하시면서 본인이 챙겨놓은 걸 주셨어요. 두 번째 법정 가는 날이 첫 입찰이었는데 그때에서야 법대에서 받는지 알게 되었답니다.

### 도리
인천은 막 가져와도 암말 안 해요. 그리고 인천법원 경우 낙찰자는 맨 마지막에 불러요.

### 스카이블루
그렇더라구요! 법원이 처음이라 그런지 쪼이는 맛이 있던데요! 도박은 별로 안 좋아하지만… ㅎㅎ

## "낙찰 받았어요?" _by 유여사 남편

2012년 6월 풍덕천에 아파트를 낙찰 받고 아내는 임신을 저는 취업을 하고 낙찰을 받은 집은 우리가 살집이 없던 터라 들어가 살기로 했다. 그렇게 어느덧 긴 세월이 흐르고 아내는 애기를 낳고 저는 계속 회사를 다니고 그 아파트에 계속 살고 있었다.

실전팀 동기인 아파트 10채 형님은 왕성한 카페 활동과 강의하는 모습도 카페에 올라오고 아파트 10채 아이디를 현실로 이루어 가고 있었다. 2013년 카페를 소개 시켜준 형님도 실전반을 마친 뒤 아파트 4채를 명도와 매매까지 뚝딱 해치우는 기염을 바라만 보고 있었다.

저희는 자금이 현재 살고 있는 아파트에 묶여 있고, 저는 회사를 다니고 아내도 아이가 어리다 보니 입찰 위해 법원을 가는 것이 쉽지 않았다. 드디어 2014년 3월 살고 있던 풍덕천 아파트를 매매 하고 대한민국에서 받기 힘든 남자 육아 휴직을 내어 법원 입찰을 8일부터 시작했다.

4월까지 입찰할 물건 권리분석과 입찰 가격을 아내와 상의 후 아침마다 '720-3번'을 타고 수원법원을 향했다. 4월 8일 오랜만에 정말 오랜만에 찾은 법원은 정말 많은 사람들로 가득차 있다. 입찰 서류를 집에서 미리 작성해 온 터라 확인을 위한 입찰 서류 스캔 후 법원의 입찰함에 넣고 기다리고 있었다.

입찰한 물건에 12명이 들어와서 1등과 5백만 원 차이로 패찰을 했다.

4월 9일 다시 '720-3번'을 타고 법원을 찾았다. 미리 적어온 입찰 서류 보증금을 확인 후 입찰 서류함에 넣었다. 오늘도 역시 많은 사람들이 법원을 찾았다. 오전에 권리분석 중 궁금한 것이 있어 '설마'님에게 전화를 걸었는데 수업 중이었다. 명쾌한 설명과 함께 물었다.

"낙찰 받았어요?"

"아니요"

말하고 법원에 들어갔다.

경매카페 올라온 글을 보던 중 '할리'님이 수원법원에 오신 걸 알게 되었다. '할리'님이 입찰한 물건은 오늘 20명 몰린 아파트였다. 제 물건은 6명이 입찰을 했다. 10명 미만 사건이라 1시 40분이 되어서 진행되었다. 입찰한 6명을 쭉 불러 한 명씩 입찰가를 호명하였다. 제 앞으로 3명을 부르는데 모두 낮은 가격이었다. 속으론 두근두근 남은 두 명의 가격을 부르는데 역시 저보다 낮은 가격이었다.

제 이름을 호명하며 최고가 매수인 도장과 신분증을 들고 나오라고 했다. 확인해보니 2등과 4백50만 원 차이로 낙찰되었다. 생각보다 일찍 낙찰이 되어서 이번 달 입찰하려고 권리분석 마친 준비 물건이 쭉 있는데 자금이 없어 못할 것 같다. 아직도 어리둥절하고 지금 경락대출 알아보고 있다.

## "세입자 감사 그리고 안녕~~" _by 유여사 남편

2014년 4월 9일 수원법원에 여섯 명이 경쟁하여 낙찰된 물건이 2014년 5월에 잔금을 내고 2014년 10월 1일 명도를 완료했다. 그동안 줄다리기 또 줄다리기로 이어졌다. 그래서 세입자와 강제집행까지 갈 뻔했으나 극적으로 협상이 타결되었다.

집도 깨끗하게 사용하고, 관리비와 도시가스 비용도 납부를 하고 이사를 떠났다.

이번이 3번째의 낙찰로 명도의 시작은 고비였지만, 마무리는 정말 정말로 깔끔히 완료되어 매매도 성사가 되었다. 보너스로 매매가도 생각한 가격보다 높게 팔린 것 같다.

어제(10월 2일)부터 법원에 입찰을 시작했는데, 패찰 퍼레이드가 이어지며, 그래도 내일도 법원에 간다. 비가 올 때까지 기우제를 지

내는 '인디언 기우제 정신'을 생각하며, 성공과 행복으로 향하는 길이기에…

날씨가 추워졌어요. 감기 조심하세요.

### 📖 달달보리
멋찌십니다.^^
새내기라 마냥 부럽고 대단해 보이십니다.
저는 오늘도 책장을 넘겨야겠네요. ㅎㅎ

### 📖 햇살가득한날
직접 보니 신기하네요. 부럽습니다~!

### 📖 심장이뛴다
진짜 깨끗하네요.

### 📖 雪馬(설마)
꾸준히 하시는 모습이 보기 좋아요.
유 여사님이랑 함께 아지트 한번 놀러오세요.

### 🗨 유여사 남편
실전반 받을 때 둘째 임산 중이였는데, 지금은 셋째가 배 속에서 자라고 있어요. 아내와 연락해 찾아갈게요.

### 📖 서지연
와! 집이 정말 넓고 깨끗하네요. 좋은 가격에 매도하시길….

### 🗨 유여사 남편
오늘(2014년 10월 2일) 계약 ㅎㅎㅎ